普通高等院校经济管理类“十三五”规划教材
“十二五”江苏省高等学校重点教材
编号：2015-1-104

KUAIJIXUE
JICHU JIAOCHENG XITIJI

会计学

基础教程习题集（第四版）

主编　姚正海

西南财经大学出版社
中国·成都

图书在版编目(CIP)数据

会计学基础教程习题集/姚正海主编 . —4 版 . —成都:西南财经大学出版社,2021. 8
ISBN 978-7-5504-5016-5

Ⅰ. ①会… Ⅱ. ①姚… Ⅲ. ①会计学—高等学校—习题集
Ⅳ. ①F230-44

中国版本图书馆 CIP 数据核字(2021)第 163056 号

会计学基础教程习题集(第四版)

主编:姚正海

责任编辑:向小英

封面设计:墨创文化 张姗姗

责任印制:朱曼丽

出版发行	西南财经大学出版社(四川省成都市光华村街 55 号)
网　　址	http://cbs. swufe. edu. cn
电子邮件	bookcj@ swufe. edu. cn
邮政编码	610074
电　　话	028-87353785
照　　排	四川胜翔数码印务设计有限公司
印　　刷	成都市火炬印务有限公司
成品尺寸	185mm×260mm
印　　张	14
字　　数	335 千字
版　　次	2021 年 8 月第 4 版
印　　次	2021 年 8 月第 1 次印刷
印　　数	1— 2000 册
书　　号	ISBN 978-7-5504-5016-5
定　　价	28. 00 元

第四版前言

本书是《会计学基础教程（第四版）》（姚正海主编）的配套习题集。按照财政部颁布的2019年4月30日关于修订印发《2019年度一般企业财务报表格式的通知》、新金融工具系列准则和新收入准则，以及新的增值税税率进行了相关修订，对名词解释、单项选择题、多项选择题、不定项选择题、判断题、简答题和业务计算题都进行了更新和完善。

本书经江苏省教育厅评审，确定为2015年江苏省高等学校重点教材立项建设（修订教材）项目，同时也是“十二五”江苏省高等学校重点专业建设的成果之一。

本次修订由姚正海教授主编。具体分工如下：第一章、第二章、第三章、第五章、第十章和模拟试卷由姚正海编写或修订；第四章、第六章由吴冬梅修订；第七章和第九章由孙建华修订；第八章由潘善启修订；第十一章由袁少茹修订；第十二章由李刚修订。

由于编者水平有限，加之时间仓促，本书在体例安排和内容表述等方面可能存在某些错误或缺点，恳请读者继续给予批评指正，以便进一步修改和完善。

编者

2021年1月

前言

本书是《会计学基础教程》（姚正海主编）的配套习题集，同时也可以作为其他会计学基础教材的教辅。编著本书的目的是为了帮助会计基础知识的学习者更好地掌握会计学的基本理论和方法，提高学习效果。它不仅可以作为会计学、财务管理等经济管理类专业本科生教学的辅助教材，而且可以作为从事经济管理工作人员的参考资料，也可以作为参加相关专业技术资格考试人员的复习参考用书。本书为江苏师范大学财务管理省级特色专业使用教材。

本书每章内容主要有名词解释、单项选择题、多项选择题、判断题、简答题和业务计算题。题型较为全面，覆盖面较广，并配有习题答案。为了便于学习者检验自身的学习成果，书中编写了三套模拟试卷并附有参考答案。

本书由姚正海教授主编。编写分工如下：第一章、第二章、第三章、第九章和模拟试卷由姚正海编写；第四章、第五章由吴冬梅编写；第六章和第八章由孙建华编写；第七章由潘善启编写；第十章由袁少茹编写。在编写过程中参考了部分教材和其他相关著作，在此向其作者表示衷心的感谢！

由于编写时间仓促，加之编者水平有限，书中难免存在错误和不足之处，恳请读者批评指正，以利再版修订。

编者

2010年10月

CONTENTS

目录

KUAIJIXUE JICHU JIAOCHENG XITIJI

第一部分

习题与模拟试卷

第一章 总论

一、名词解释

1. 会计
2. 会计目标
3. 会计职能
4. 会计核算
5. 会计监督
6. 会计对象
7. 会计假设
8. 会计主体假设
9. 持续经营假设
10. 会计分期假设
11. 货币计量假设
12. 会计一般原则
13. 客观性原则
14. 相关性原则
15. 明晰性原则
16. 实质重于形式原则
17. 重要性原则
18. 谨慎性原则
19. 及时性原则
20. 权责发生制
21. 收付实现制
22. 会计基本程序
23. 会计确认
24. 会计计量
25. 会计记录
26. 会计方法
27. 会计核算方法
28. 会计准则

二、单项选择题

1. 会计从生产职能分离出来，成为独立职能，是在（　　）。
   A. 出现商品经济之后　　B. 出现复式簿记之后
   C. 出现阶级之后　　D. 出现剩余产品之后
2. 我国会计设有专门核算的官职——司会，是在（　　）时期。
   A. 夏朝　　B. 周朝
   C. 唐朝　　D. 汉朝
3. 我国财政部 2006 年 2 月 15 日发布、2007 年 1 月 1 日起实施的是（　　）。
   A.《企业会计制度》
   B.《企业会计准则——基本准则》
   C.《企业会计准则——内部规范》
   D.《企业会计制度——货币资金规范》
4. 会计所使用的主要计量尺度是（　　）。
   A. 实物量度　　B. 劳动量度
   C. 货币量度　　D. 实物量度和货币量度
5. 下列各项中，构成会计基本职能的是（　　）。
   A. 核算与监督　　B. 分析与考核
   C. 预测与决策　　D. 核算与控制

6. 社会再生产过程中以货币表现的经济活动是指（　　）。

A. 会计对象　　B. 会计目标

C. 会计职能　　D. 会计要素

7. 进行会计监督主要是利用会计反映所提供的各种（　　）。

A. 实物量指标　　B. 劳动量指标

C. 价值指标　　D. 数量指标

8. 会计核算具有（　　）。

A. 真实性和可靠性　　B. 完整性和连续性

C. 完整性和系统性　　D. 完整性、连续性和系统性

9. 会计主体假设主要规定了会计工作的（　　）。

A. 空间范围　　B. 时间范围

C. 主管单位　　D. 具体内容

10. 一般来说，体现会计主体与法人关系的是（　　）。

A. 相互一致　　B. 不相关的

C. 有区别的　　D. 相互可替代的

11. 导致产生本期与非本期概念的会计核算基本前提是（　　）。

A. 会计主体　　B. 持续经营

C. 会计分期　　D. 货币计量

12.《会计法》规定，我国的会计年度自（　　）。

A. 农历一月一日起至十二月三十一日止

B. 公历 1 月 1 日起至 12 月 31 日止

C. 公历 4 月 1 日起至次年 3 月 31 日止

D. 公历 10 月 1 日起至次年 9 月 30 日止

13. 企业应当按照交易或者事项的经济实质进行会计确认、计量和报告，不应仅以交易或者事项的法律形式为依据的原则，是（　　）。

A. 客观性原则　　B. 实质重于形式原则

C. 相关性原则　　D. 明晰性原则

14. 如果某一经济业务有多种处理方法可供选择时，应采取不导致夸大资产、虚增利润的方法，这是（　　）。

A. 客观性的要求　　B. 相关性的要求

C. 明晰性的要求　　D. 谨慎性的要求

15. 谨慎性原则是指在进行会计核算时，应（　　）。

A. 尽量多计资产或收益，少计负债或费用

B. 尽量少计资产或收益，多计负债或费用

C. 对一项经济业务采用多种处理方法

D. 遵循谨慎性的要求，不得多计资产或收益，少计负债或费用

16. 下列会计要素中，按照权责发生制规范入账时间的是（　　）。

A. 资产与负债　　B. 负债与所有者权益

C. 资产与所有者权益　　D. 收入与费用

17. 对称于收付实现制的是（　　）。

A. 现收现付制　　B. 现金制
C. 权责发生制　　D. 永续盘存制

18. 预提短期借款利息所依据的是（　　）。

A. 权责发生制　　B. 真实性要求
C. 谨慎性要求　　D. 历史成本

19. 融资租入固定资产视为承租企业的资产，体现了会计的（　　）。

A. 可比性原则　　B. 重要性原则
C. 谨慎性原则　　D. 实质重于形式原则

20. 企业会计核算应当以（　　）为记账的基础。

A. 收付实现制　　B. 权责发生制
C. 永续盘存制　　D. 实地盘存制

21. 某厂今年5月销售A产品一批，货款计20 000元，下月才能收回；5月份销售B产品一批，货款15 000元已收讫；5月份收回上月赊销给荣华公司的A产品30 000元。按照权责发生制，该厂今年5月份的收入应为（　　）。

A. 65 000元　　B. 45 000元
C. 35 000元　　D. 50 000元

22. 某企业1月份发生下列支出：①支付本年度保险费7 200元；②支付去年第四季度借款利息9 600元；③支付本年度报刊订阅费5 400元，按照权责发生制原则，该企业1月份应负担的费用是（　　）。

A. 22 200元　　B. 4 250元
C. 12 600元　　D. 1 050元

23. 下列方法中不属于会计核算方法的是（　　）。

A. 设置账户　　B. 填制和审核凭证
C. 财产清查　　D. 成本分析

24. 我国企业会计准则规定，企业在对会计要素进行计量时，一般应当采用（　　）计量属性。

A. 公允价值　　B. 重置成本
C. 历史成本　　D. 可变现净值

25. 在货币计量前提下，我国企业的会计核算可以选用一种外币作为记账本位币，但在其编制的财务会计报告中应折算为（　　）反映。

A. 记账本位币　　B. 功能货币
C. 人民币　　D. 某种外币

26. 企业的会计对象可以概括为（　　）。

A. 经济活动　　B. 再生产过程中的资金运动
C. 生产活动　　D. 管理活动

三、多项选择题

1. 会计的基本职能有（　　）。

A. 反映职能　　B. 监督职能
C. 分析职能　　D. 决策职能

E. 预测职能

2. 会计假设包括（　　）。

A. 会计主体　　B. 会计分期
C. 会计监督　　D. 持续经营
E. 货币计量

3. 会计核算中采用的计量单位有（　　）。

A. 货币单位　　B. 空间单位
C. 时间单位　　D. 实物单位
E. 劳动量单位

4. 在工业企业生产经营过程中，其经营资金的主要变化方式是（　　）。

A. 由货币资金变为储备资金和固定资金
B. 由储备资金变为生产资金
C. 由生产资金变为成品资金
D. 由储备资金变为货币资金
E. 由成品资金变为货币资金

5. 下列业务不属于会计核算范围的事项是（　　）。

A. 用银行存款购买材料　　B. 编制财务计划
C. 企业自制材料入库　　D. 与外企业签订购料合同
E. 产品完工验收入库

6. 会计方法包括（　　）。

A. 复式记账法　　B. 单式记账法
C. 会计核算方法　　D. 会计分析方法
E. 会计检查方法

7. 下列项目中，属于会计核算方法的有（　　）。

A. 设置账户　　B. 复式记账
C. 会计分析　　D. 填制和审核凭证
E. 财产清查

8. 下列项目中，属于会计一般原则的有（　　）。

A. 客观性　　B. 会计主体
C. 明晰性　　D. 会计分期
E. 实质重于形式

9. 根据谨慎性原则的要求，对企业可能发生的损失和费用，作出合理预计，通常做法有（　　）。

A. 应收账款计提坏账准备
B. 固定资产采用加速折旧法
C. 对财产物资按历史成本计价
D. 期末存货采用成本与市价孰低法
E. 融资租入固定资产视为承租企业的资产

10. 对于收入和费用归属期的确认，在会计处理上有（　　）。

A. 权责发生制　　B. 永续盘存制

C. 实地盘存制　　D. 收付实现制
E. 技术推算盘点法

11. 根据权责发生制要求，应计入本期收入或费用的业务有（　　）。
A. 预收货款 10 000 元
B. 销售产品，价款 25 000 元，款未收到
C. 销售产品，价款 5 000 元，款已于上月预收
D. 预付下年报刊订阅费 800 元
E. 预提银行借款利息 500 元

12. 按照权责发生制的要求，应作为本期收入的项目有（　　）。
A. 收到国家投资 100 000 元，存入银行
B. 销售商品一批计 100 000 元，货款尚未收到
C. 收到外单位偿还的上月欠款 550 元，存入银行
D. 预收某单位的订货款 50 000 元，存入银行，商品现已发出
E. 收取外单位租用包装物的押金 200 元，存入银行

13. 根据权责发生制原则，下列各项中应计入本期收入和费用的是（　　）。
A. 本期销售货款收存银行　　B. 上期销售货款本期收存银行
C. 本期预收下期货款存入银行　　D. 计提本期固定资产折旧费
E. 以银行存款支付下期的报刊费

14. 按照收付实现制原则，下列各项中应计入本期收入项目的有（　　）。
A. 预收货款　　B. 收到前欠销货款
C. 赊销　　D. 现销
E. 预付货款

15. 下列各项中，构成会计基本程序内容的有（　　）。
A. 会计计量　　B. 成本计算
C. 会计确认　　D. 会计记录
E. 财产清查

16. 会计要素计量属性可以采用（　　）。
A. 历史成本　　B. 重置成本
C. 可变现净值　　D. 现值
E. 公允价值

17. 下列业务中导致资金退出企业的有（　　）。
A. 赊购原材料　　B. 上交税金
C. 提取公积金　　D. 以现金支付应付股利
E. 以现金清偿债务

18. 会计中期包括（　　）。
A. 日度　　B. 月度　　C. 季度　　D. 半年度
E. 年度

四、不定项选择题

1. 会计对象是指（　　）的内容。

A. 会计核算　B. 实物流转　C. 会计监督　D. 财务活动

2. 关于会计目标最具代表性的观点是（　　）。

A. 管理活动论与信息系统论　B. 信息系统论与经管责任论

C. 经管责任论与决策有用论　D. 信息系统论与决策有用论

E. 管理活动论与经管责任论

3. 下列各项中，属于资金投入企业的是（　　）。

A. 向银行取得短期借款　B. 接受投资者投入一项无形资产

C. 接受投资者投入货币资金　D. 计提固定资产折旧

E. 销售商品取得收入

4. 下列说法正确的是（　　）。

A. 会计核算过程中采用货币为主要计量单位

B. 我国企业的会计核算只能以人民币为记账本位币

C. 业务收支以外币为主的单位可以选择某种外币作为记账本位币

D. 在境外设立的中国企业向国内报送的财务报告，应当折算为人民币

E. 以货币作为统一计量单位，包含着币值稳定的假设

5. （　　）是会计核算方法体系中的中心环节。

A. 填制和审核会计凭证　B. 复式记账

C. 登记账簿　D. 编制财务报告

E. 设置账户

6. 企业会计准则体系包括（　　）。

A. 基本准则　B. 具体准则

C. 应用指南　D. 解释公告

五、判断题（对的打“√”，错的打“×”）

1. 会计的主要特点之一，就是只以货币为计量单位。（　　）

2. 连续性是指对会计对象的计量、记录、报告要连续进行，不能中断。（　　）

3. 会计监督有事前监督、事中监督、事后监督。（　　）

4. 所有企业均应以人民币为记账本位币。（　　）

5. 所有的法律主体都是会计主体，但会计主体不一定都具有法人资格。（　　）

6. 货币计量假设还包括币值稳定的假设。（　　）

7. 企业在对会计要素进行计量时，一般应当采用公允价值计量。（　　）

8. 实务中，重置成本多应用于盘盈固定资产的计量等。（　　）

9. 会计核算的七种方法之间互无联系，是相互独立的。（　　）

10. 会计核算和监督的内容就是指企业发生的所有经济活动。（　　）

11. 权责发生制是以权益、责任是否发生为标准确定本期收入和费用。（　　）

12. 谨慎性原则是指在会计核算中应尽量低估企业的资产和可能发生的损失、费用。（　　）

13. 会计学不仅在一般的方法论方面，而且在会计确认、计量、记录和报告的过程中，都要以哲学中的基本原理为指导。（　　）

14. 数学作为一种严密的分析工具，为现代会计学的发展，尤其是规范研究方法的

应用奠定了坚实的方法论基础。 ( )

15. 会计学既要以经济学又要以管理学作为其理论基础。 ( )

六、简答题

1. 简述会计核算职能的基本特点。
2. 简述会计监督职能的基本特点。
3. 简述会计核算与会计监督的相互关系。
4. 会计确认的标准是什么？
5. 简述会计核算方法的内容及其相互关系。

七、业务计算题

练习一

【资料】某公司202×年5月份发生如下经济业务：

（1）预付下半年财产保险费6 000元。

（2）收到上月销货款10 000元。

（3）预收下月销货款2 000元。

（4）本月现销产品收入货款20 000元。

（5）本月计提短期借款利息1 000元。

【要求】根据以上资料，在下表中分别按权责发生制与收付实现制计算填列本月的收入和费用。

单位：元

业务编号	权责发生制		收付实现制	
	收入	费用	收入	费用
（1） （2） （3） （4） （5）				
合计				

练习二

【资料】某企业202×年12月发生下列经济业务：

（1）销售产品70 000元，其中30 000元已收到存入银行，其余40 000元尚未收到。

（2）收到现金800元，系上月提供的劳务收入。

（3）用现金支付本月份的水电费900元。

（4）本月应计劳务收入1 900元。

（5）用银行存款预付下年度房租18 000元。

（6）用银行存款支付上月份借款利息500元。

（7）预收销售货款 26 000 元，已通过银行收妥入账。

（8）本月负担年初已支付的保险费 500 元。

（9）上月预收货款的产品本月实现销售收入 18 000 元。

（10）本月负担下月支付的修理费 1 200 元。

【要求】

（1）按权责发生制原则计算 12 月份的收入、费用。

（2）按收付实现制原则计算 12 月份的收入、费用。

单位：元

经济业务	权责发生制		收付实现制	
	收入	费用	收入	费用
（1）				
（2）				
（3）				
（4）				
（5）				
（6）				
（7）				
（8）				
（9）				
（10）				
合计				

第二章 会计要素与会计等式

一、名词解释

1. 会计要素
2. 资产
3. 负债
4. 所有者权益
5. 收入
6. 费用
7. 利润
8. 会计等式
9. 经济业务

二、单项选择题

1. 下列项目中，属于资产项目的是（　　）。
   A. 交易性金融资产　　B. 预收账款
   C. 资本公积　　D. 应付利息
2. 长期待摊费用属于会计要素中的（　　）。
   A. 资产　　B. 负债
   C. 所有者权益　　D. 费用
3. 下列项目中，不属于企业流动负债的是（　　）。
   A. 应付票据　　B. 应付账款
   C. 长期借款　　D. 应付股利
4. 预付账款属于会计要素中的（　　）。
   A. 资产　　B. 负债
   C. 费用　　D. 所有者权益
5. 下列项目中，属于负债的是（　　）。
   A. 应收账款　　B. 预收账款
   C. 资本公积　　D. 长期待摊费用
6. 下列项目中，属于长期负债的是（　　）。
   A. 应付账款　　B. 应付职工薪酬
   C. 应付股利　　D. 应付债券
7. 下列各项中，不属于费用要素内容的是（　　）。
   A. 销售费用　　B. 管理费用
   C. 财务费用　　D. 预付账款
8. 下列项目中，属于所有者权益的是（　　）。
   A. 长期借款　　B. 预收账款
   C. 库存现金　　D. 实收资本
9. 资本溢价是所有者投入资本中超过（　　）的部分。
   A. 全部资本　　B. 注册资本

C. 资本公积　　D. 盈余公积

10. 复式记账的理论依据是（　　）。

A. 会计职能　　B. 会计准则

C. 会计等式　　D. 会计假设

11. 预收账款属于会计要素中的（　　）。

A. 资产　　B. 负债

C. 收入　　D. 所有者权益

12. 从数量上看，一个企业的资产总额等于（　　）。

A. 负债总额　　B. 利润总额

C. 所有者权益总额　　D. 负债及所有者权益总额

13. 资产、负债和所有者权益是（　　）。

A. 反映企业财务状况的会计要素

B. 反映企业经营状况的会计要素

C. 反映企业经营成果的会计要素

D. 反映企业财务成果的会计要素

14. 所有者权益在数量上等于（　　）。

A. 全部资产减去全部负债后的净额

B. 所有者的投资

C. 实收资本与资本公积之和

D. 实收资本与未分配利润之和

15. 构成所有者权益主体的是（　　）。

A. 资本公积　　B. 实收资本

C. 未分配利润　　D. 盈余公积

16. 某公司期初资产总额为 80 万元，下列（　　）业务发生时，A 公司的权益总额为 84 万元。

A. 将现金 4 万元存入银行　　B. 用银行存款偿还借款 4 万元

C. 预收某公司货款 4 万元　　D. 用银行存款 4 万元购买材料

17. 企业所拥有的资产从财产权利归属来看，一部分属于投资者，另一部分属于（　　）。

A. 企业职工　　B. 债权人

C. 债务人　　D. 企业法人

18. 某企业资产总额 600 万元，如果发生以下经济业务：①收到外单位投资 40 万元存入银行；②以银行存款支付购入材料款 12 万元；③以银行存款偿还银行借款 10 万元。企业资产总额为（　　）。

A. 636 万元　　B. 628 万元

C. 648 万元　　D. 630 万元

19. 某企业 11 月末负债总额 1 500 万元。12 月份收回应收账款 150 万元存入银行，用银行存款偿还应付账款 200 万元，预付购货款 100 万元。该企业 12 月末负债总额为（　　）。

A. 1 350 万元　　B. 1 300 万元

C. 1 600 万元　　D. 1 850 万元

20. 下列项目中，引起资产和负债同时增加的经济业务是（　　）。

A. 以银行存款购买材料　　B. 向银行借款存入银行存款户

C. 以无形资产向外单位投资　　D. 以银行存款偿还应付账款

21. 引起资产内部两个项目此增彼减而资产总额不变的经济业务是（　　）。

A. 用银行存款偿还借款　　B. 收到投资者货币投资

C. 收到外单位前欠货款　　D. 用银行存款支付投资者利润

22. 经济业务发生仅涉及资产要素时，必然引起该要素中某些项目发生（　　）。

A. 同增变动　　B. 同减变动

C. 此增彼减变动　　D. 不变动

23. 下列项目中，引起负债有增有减的经济业务是（　　）。

A. 以银行存款偿还银行借款　　B. 开出应付票据抵付应付账款

C. 以银行存款上交税金　　D. 收到外商投资的设备

24. 下列项目中，引起所有者权益有增有减的经济业务是（　　）。

A. 收到国家投入的固定资产　　B. 以银行存款偿还长期借款

C. 将资本公积转增资本金　　D. 以厂房对外单位投资

25. 以银行存款交纳税金，所引起的变动为（　　）。

A. 一项资产减少，一项所有者权益减少

B. 一项资产减少，一项负债减少

C. 一项所有者权益增加，一项负债减少

D. 一项资产增加，另一项资产减少

26. 企业从银行取得借款直接偿还应付购货款，属于哪一种类型变化业务（　　）。

A. 资产项目之间此增彼减　　B. 权益项目之间此增彼减

C. 资产项目和权益项目同增　　D. 资产项目和权益项目同减

27. 下列经济业务发生不会使会计等式两边总额发生变化的有（　　）。

A. 收到应收账款存入银行

B. 从银行取得借款存入银行

C. 收到投资者以固定资产所进行的投资

D. 以银行存款偿还应付账款

28. 下列经济业务发生，使资产和权益项目同时增加的是（　　）。

A. 生产产品领用材料

B. 以现金发放应付工资

C. 收到购买单位预付的购货款存入银行

D. 以资本公积转增资本

29. 开出应付票据抵付应付账款，所引起的变动为（　　）。

A. 一项资产减少，一项负债减少

B. 一项资产增加，一项负债增加

C. 一项所有者权益增加，一项所有者权益减少

D. 一项负债增加，另一项负债减少

30. 某企业资产总额为150万元，当发生下列两笔经济业务后：①向银行借款10万元存入银行；②用银行存款偿还应付账款15万元，其权益总计为（　　）。

A. 145万元　　B. 175万元
C. 155万元　　D. 125万元

31. 某企业本期期初资产总额为100 000元，本期期末负债总额比期初减少10 000元，所有者权益比期初增加30 000元。该企业期末资产总额是（　　）。

A. 90 000元　　B. 130 000元
C. 100 000元　　D. 120 000元

三、多项选择题

1. 下列项目中，属于企业会计要素的有（　　）。

A. 资产　　B. 基金
C. 负债　　D. 证券
E. 所有者权益

2. 反映企业财务状况的会计要素有（　　）。

A. 资产　　B. 负债
C. 所有者权益　　D. 收入
E. 费用

3. 反映企业经营成果的会计要素有（　　）。

A. 资产　　B. 负债
C. 收入　　D. 费用
E. 利润

4. 企业的期间费用包括（　　）。

A. 制造费用　　B. 管理费用
C. 销售费用　　D. 财务费用
E. 所得税费用

5. 企业增加一项负债可能导致（　　）。

A. 资产增加　　B. 资产减少
C. 所有者权益增加　　D. 所有者权益减少
E. 另一项负债减少

6. 一项所有者权益减少的同时，可能会引起（　　）。

A. 一项资产增加　　B. 一项负债增加
C. 一项负债减少　　D. 一项资产减少
E. 另一项所有者权益减少

7. 下列各项中，属于企业固定资产的有（　　）。

A. 房屋　　B. 建筑物
C. 机器设备　　D. 专利权
E. 运输工具

8. 在以下各项中，属于企业资产要素的内容有（　　）。

A. 交易性金融资产　　B. 应收账款

C. 预付账款
D. 应收票据
E. 无形资产

9. 下列各项中，企业能够确认为资产的有（　　）。
A. 已经收到发票，但尚在运输途中的购入原材料
B. 融资租入的设备
C. 经营租出的设备
D. 预付的购货款
E. 预收的购货款

10. 下列各项中属于所有者权益的项目是（　　）。
A. 实收资本
B. 资本公积
C. 盈余公积
D. 应付账款
E. 原材料

11. 下列各项中，应确认为债权的是（　　）。
A. 预付购货款
B. 应收销货款
C. 应付购货款
D. 预支差旅费
E. 预收销货款

12. 下列经济业务发生后，不会引起会计等式左右两边同时增加的有（　　）。
A. 预收销货款
B. 赊购原材料
C. 接受投资
D. 从银行提取现金
E. 预付购料款

13. 下列经济业务发生后，会引起会计等式左右两边同时增减变动的有（　　）。
A. 将现金送存银行
B. 购进材料款未付
C. 用资本公积转增资本
D. 用银行存款支付应付购料款
E. 从银行取得借款直接归还应付账款

14. “资产 = 负债 + 所有者权益”这一静态会计等式是（　　）的理论依据。
A. 设置账户
B. 成本计算
C. 复式记账
D. 货币计量
E. 编制资产负债表

15. 会计等式的表达式有（　　）。
A. 资产 = 负债 + 所有者权益
B. 资产 = 权益
C. 资产 = 债权人权益 + 所有者权益
D. 资产 = 负债 + 所有者权益 +（收入 − 费用）
E. 资产 = 负债 + 所有者权益 + 利润

16. 企业的流动负债包括（　　）。
A. 短期借款
B. 应付票据
C. 其他应付款
D. 应付债券

E. 长期借款

17. 下列内容属于流动资产项目的有（　　）。

A. 存放在银行的存款　　B. 存放在仓库的材料

C. 厂房和机器　　D. 企业的办公楼

E. 企业的库存现金

18. 下列属于只引起会计等式左边会计要素变动的经济业务有（　　）。

A. 购买800元材料，货款暂欠

B. 银行提取现金500元

C. 购买机器一台，以存款支付货款10万元

D. 接受国家投资200万元

E. 收到某外商捐赠货物一批，价值80万元

四、不定项选择题

1. 下列项目中属于非流动负债项目的是（　　）。

A. 应付票据　　B. 长期借款　　C. 应付股利　　D. 应付职工薪酬

2. 下列各项资产中，企业不能够确认为资产的有（　　）。

A. 已经收到发票，但尚未到达企业的原材料

B. 经营租入的设备

C. 经营租出的设备

D. 预付的购货款

3. 收入是日常活动中发生的，它可以表现为（　　）。

A. 资产的减少或负债的增加

B. 资产的增加或负债的减少

C. 所有者权益的增加或负债的减少

D. 所有者权益的增加和资产的增加

4. 下列引起资产内部一个项目增加，另一个项目减少，而资产总额不变的经济业务是（　　）。

A. 用银行存款偿还短期借款　　B. 收到投资者投入的机器一台

C. 收到外单位前欠货款　　D. 预收购货单位货款

5. 下列等式，不正确的是（　　）。

A. 资产 = 负债 + 所有者权益 = 权益

B. 期末资产 = 期末负债 + 期初所有者权益

C. 期末资产 = 期末负债 + （期初所有者权益 + 本期增加的所有者权益 - 本期减少的所有者权益）

D. 债权人权益 + 所有者权益 = 负债 + 所有者权益

6. 下列会计事项中，根据“资产 = 负债 + 所有者权益”会计等式作为其理论基础或理论依据的是（　　）。

A. 编制利润表　　B. 编制资产负债表

C. 对象化费用　　D. 进行复式记账

7. “企业从银行借入长期借款20万元”这一经济业务使（　　）。

A. 资产增加，权益减少　　B. 权益增加，资产减少
C. 资产和权益同增加　　D. 资产和权益同减少

8. 下列经济业务中，只会引起会计等式右边的会计要素发生增减变动的业务有（　　）。

A. 以银行存款偿还前欠贷款　　B. 将资本公积转增资本
C. 向银行借款存入银行　　D. 投资者追加对本企业的投资

9. 下列说法中不会使“资产 = 负债 + 所有者权益”这一会计等式两边总额发生变动的有（　　）。

A. 资产内部项目有增有减
B. 资产和负债项目同增同减
C. 负债和所有者权益项目有增有减
D. 资产和所有者权益项目同增同减
E. 负债内部项目有增有减

五、判断题（对的打“✓”，错的打“×”）

1. 会计要素中既有反映财务状况的要素，又有反映经营成果的要素。（　　）
2. 企业的利得和损失包括直接计入所有者权益的利得和损失以及直接计入当期利润的利得和损失。（　　）
3. 预收账款和预付账款均属于负债。（　　）
4. 任何经济业务发生后，均会引起资产和权益同时发生增减变化，但资产和权益在数量上仍然相等。（　　）
5. 经济业务的发生可能对会计恒等式的平衡产生影响。（　　）
6. 资产与所有者权益在数量上始终是相等的。（　　）
7. 资产来源于权益，权益与资产必然相等。（　　）

六、简答题

1. 简述资产的主要特征和确认条件。
2. 简述负债的主要特征和确认条件。
3. 简述所有者权益的主要特征和构成内容。
4. 简述收入的主要特征和确认条件。
5. 简述费用的主要特征和确认条件。

七、业务计算题

练习一

【资料】某企业 202×年 6 月 30 日资金项目和余额如下：

资金项目	余额（元）
（1）房屋、建筑物	1 200 000
（2）机器、设备	400 000
（3）运输汽车	400 000
（4）库存生产用原材料	400 000

（5）库存燃料	100 000
（6）正在加工产品	50 000
（7）库存完工产品	50 000
（8）库存现金	1 000
（9）存在银行的款项	99 000
（10）应收购买单位的货款	2 000
（11）预付职工差旅费	1 000
（12）预付供应单位的货款	7 000
（13）商标权	5 000
（14）待摊的固定资产改良费用	5 000
（15）实收投资者资本	2 560 000
（16）向银行借入的短期借款	30 000
（17）应付供应单位购买材料款	20 000
（18）应交纳的税金	75 000
（19）应付职工的工资	15 000
（20）预收购买单位的货款	20 000

【要求】将上列各资金项目划分为资产、负债、所有者权益，并计算出各项目的数额。

练习二

【资料】某企业202×年1月1日资产总额1 700 000元，负债总额600 000元，所有者权益总额1 100 000元。1月份发生的部分经济业务如下：

（1）向银行借入期限3个月的借款30 000元，存入银行。

（2）收到投资者货币资金投资300 000元，存入银行。

（3）与某公司联营期满，用一台价值60 000元的设备退还该公司投资。

（4）企业用银行存款支付前欠购料款56 000元。

（5）用银行存款8 000元购入材料。

（6）用资本公积100 000元转增资本金。

（7）将长期借款100 000元进行债转股处理。

（8）从银行取得短期借款8 600元，直接偿还前欠购料款。

（9）经研究决定，向投资者分配利润50 000元。

【要求】

（1）根据上述经济业务，分析其对资产、负债和所有者权益三个会计要素增减变动的影响。

（2）计算1月末资产、负债和所有者权益三个会计要素的总额，并列出计算过程。

第三章 账户与复式记账

一、名词解释

1. 会计科目
2. 总分类科目
3. 明细分类科目
4. 账户
5. 记账方法
6. 单式记账法
7. 复式记账法
8. 借贷记账法
9. 账户的对应关系
10. 对应账户
11. 会计分录
12. 总分类账户
13. 明细分类账户
14. 会计循环
15. 过账
16. 试算平衡

二、单项选择题

1. 下列项目中属于会计科目的是（　　）。
   A. 货币资金　　B. 存货
   C. 未分配利润　　D. 固定资产
2. 下列会计科目中，属于损益类的科目是（　　）。
   A. 主营业务收入　　B. 生产成本
   C. 应收账款　　D. 应付股利
3. 会计科目是（　　）。
   A. 会计要素的名称　　B. 财务报表的项目名称
   C. 账簿的名称　　D. 账户的名称
4. 下列会计科目中，属于资产类的是（　　）。
   A. 销售费用　　B. 制造费用
   C. 应收账款　　D. 应付账款
5. 对会计对象具体内容进行总括分类的科目是（　　）。
   A. 总分类科目　　B. 总括科目
   C. 明细科目　　D. 二级科目
6. 下列各项目中，属于明细分类科目的是（　　）。
   A. 制造费用　　B. 应付账款——A 公司
   C. 库存商品　　D. 主营业务收入
7. 对于资产类账户，下列提法中正确的是（　　）。
   A. 借方登记减少数　　B. 贷方登记增加数
   C. 余额一般在借方　　D. 余额一般在贷方
8. 按照账户的用途和结构分类，“累计折旧”账户属于（　　）。
   A. 调整账户　　B. 盘存账户

C. 集合分配账户　　D. 计价对比账户

9. 单式记账法对每项经济业务都只在（　　）账户中进行登记。

A. 一个　　B. 两个或两个以上

C. 两个　　D. 有关

10. 用银行存款购买材料的业务，采用单式记账法时，应（　　）。

A. 在银行存款账户中记减少，在材料账户中记增加

B. 只在银行存款账户中记减少

C. 只在材料账户中记增加

D. 在银行存款账户中记减少或者在材料账户中记增加

11. 借贷记账法的贷方表示（　　）。

A. 资产增加、负债及所有者权益减少

B. 资产增加、负债及所有者权益增加

C. 资产减少、负债及所有者权益减少

D. 资产减少、负债及所有者权益增加

12. 资产类账户的贷方登记（　　）。

A. 资产的增加　　B. 收入的增加

C. 费用的增加　　D. 资产的减少

13. 负债账户的借方登记（　　）。

A. 收入的增加　　B. 负债的增加

C. 费用的增加　　D. 负债的减少

14. "应收账款"账户的期末余额等于（　　）。

A. 期初余额＋本期借方发生额－本期贷方发生额

B. 期初余额－本期借方发生额－本期贷方发生额

C. 期初余额＋本期借方发生额＋本期贷方发生额

D. 期初余额－本期借方发生额＋本期贷方发生额

15. 负债账户的贷方登记（　　）。

A. 费用的增加　　B. 费用的转销

C. 负债的增加　　D. 负债的减少

16. 下列各项中，与账户余额方向一致的是（　　）。

A. 增加额　　B. 减少额

C. 金额　　D. 发生额

17. 期初和期末余额均在借方的账户，一般属于（　　）。

A. 负债类账户　　B. 资产类账户

C. 所有者权益类账户　　D. 收入类账户

18. 下列各项中，反映企业所有者权益的账户是（　　）。

A. 利润分配　　B. 短期借款

C. 累计折旧　　D. 营业外收入

19. 下列项目中，不属于会计分录反映的内容的是（　　）。

A. 应借应贷方向　　B. 应借应贷账户名称

C. 经济业务的金额　　D. 经济业务发生的时间

20. 某企业“预收账款”账户期初贷方余额为50 000元，本期借方发生额30 000元，贷方发生额40 000元，则该账户的期末贷方余额为（　　）。

A. 40 000元　　B. 50 000元

C. 60 000元　　D. 70 000元

21. 对发生的每一项经济业务采用复式记账法记账时，涉及的账户是（　　）。

A. 一个　　B. 两个

C. 两个以上　　D. 两个或两个以上

22. “累计折旧”账户属于（　　）类账户。

A. 负债　　B. 费用

C. 损益　　D. 资产

23. 下列账户期末结转后可能有余额的是（　　）。

A. 财务费用　　B. 税金及附加

C. 制造费用　　D. 生产成本

24. 下列账户中，期末余额一般应在借方的是（　　）。

A. 累计折旧　　B. 所得税费用

C. 资本公积　　D. 预付账款

25. 对于资产类账户，下列提法中正确的是（　　）。

A. 借方登记减少数　　B. 贷方登记增加数

C. 余额一般在借方　　D. 余额一般在贷方

26. 单式记账法对每项经济业务都只在（　　）账户中进行登记。

A. 一个　　B. 两个或两个以上

C. 两个　　D. 有关

27. 下列各项中，体现会计科目与账户关系的是（　　）。

A. 会计要素的名称　　B. 报表的项目

C. 账簿的名称　　D. 账户的名称

28. 借贷记账法的发生额试算平衡的理论依据是（　　）。

A. 资产 = 负债 + 所有者权益　　B. 权责发生制

C. 收入 - 费用 = 利润　　D. 借贷记账法的记账规则

29. 借贷记账法“借”“贷”两字的含义是（　　）。

A. 表示债权或债务　　B. 表示增加或减少

C. 作为记账符号，标明记账方向　　D. 作为记账符号，标明业务的性质

30. 下列各项中，能够反映资产增加的是（　　）。

A. 资产类账户的借方发生额　　B. 资产类账户的贷方发生额

C. 资产类账户的借方余额　　D. 资产类账户的贷方余额

31. 下列会计分录中，属于简单会计分录的是（　　）。

A. 一借多贷　　B. 一贷多借

C. 多借多贷　　D. 一借一贷

32. 为了全面、清晰地反映经济业务的来龙去脉，不得将不同的经济业务合并编制成为下列会计分录中的（　　）。

A. 一借多贷　　B. 一贷多借

C. 一借一贷　　D. 多借多贷

33. 下列会计分录中，属于复合会计分录的是（　　）。

A. 借：制造费用　　500
　　贷：库存现金　　500

B. 借：制造费用　　10 000
　　管理费用　　8 000
　　贷：累计折旧　　18 000

C. 借：银行存款　　60 000
　　贷：实收资本——A公司　　30 000
　　　　——B公司　　30 000

D. 借：管理费用——维修费　　10 000
　　贷：原材料——甲材料　　6 000
　　　　——乙材料　　4 000

34. 根据（　　）的基本原理，对账户记录进行试算平衡。

A. 会计要素划分的类别　　B. 所发生经济业务的内容

C. 账户结构　　D. 会计等式

35. 在借贷记账法下，账户借方登记增加数或减少数取决于（　　）。

A. 记账规则　　B. 资金的平衡关系

C. 核算方法　　D. 账户反映的经济内容性质

36. 下列账户中，期末结转后没有余额的是（　　）。

A. 资产类账户　　B. 负债类账户

C. 收入类账户　　D. 所有者权益类账户

37. 在权责发生制下，预付的下半年保险费应记入（　　）。

A. "预收账款"账户贷方　　B. "预付账款"账户借方

C. "预收账款"账户借方　　D. "预付账款"账户贷方

38. 某权益类账户期初贷方余额为4 000元，借方本期发生额为10 000元，期末贷方余额为6 000元，则该账户贷方本期发生额为（　　）元。

A. 8 000　　B. 20 000

C. 1 000　　D. 12 000

39. 下列错误中能够通过试算平衡查找的有（　　）。

A. 重记经济业务　　B. 漏记经济业务

C. 借贷方向相反　　D. 借贷金额不等

40. 下列各账户中，期末可能有余额在借方的是（　　）。

A. 制造费用　　B. 生产成本

C. 销售费用　　D. 主营业务成本

41. 发生额和余额试算平衡表经试算如果相等，（　　）。

A. 说明记账是正确无误的　　B. 一般说来记账是正确的

C. 肯定记账有错误　　D. 肯定记账无错误

42. 借贷记账法试算平衡的方法是（　　）。

A. 总账及所属明细账的余额平衡

B. 差额平衡
C. 所有资产类和负债类的余额平衡
D. 发生额平衡、余额平衡

43. 用来记录收入的账户期末（　　）。
A. 无余额　　B. 余额在借方
C. 余额在贷方　　D. 余额不固定

44. 下列错误能通过试算平衡查找的有（　　）。
A. 某项经济业务未入账
B. 某项经济业务重复记账
C. 应借应贷账户中借贷方向颠倒
D. 应借应贷账户中借贷金额不等

45. 会计科目和账户之间的区别主要在于（　　）。
A. 反映的经济内容不同
B. 记录资产和权益的增减变动情况不同
C. 记录资产和权益的结果不同
D. 账户有结构而会计科目无结构

46. 采用平行登记规则，同一项经济业务，应根据审核后的记账凭证，记入有关的（　　）。
A. 总账及所属明细账　　B. 汇总凭证与账户
C. 各总分类账　　D. 各明细分类账

47. 通过试算平衡，全部账户借贷方发生额相等，则说明账户记录（　　）。
A. 绝对正确　　B. 不一定就没有错误
C. 肯定有错误　　D. 不一定就有错误

48. 总分类账与其所属明细账之间的核对依据的是（　　）原理。
A. 复式记账法　　B. 借贷记账法
C. 平行登记　　D. 会计恒等式

49. 关于借贷记账法，下列各种观点中正确的是（　　）。
A. 账户的借方登记增加额，贷方登记减少额
B. 从每个账户看，其借方发生额等于贷方发生额
C. 从每个企业看，其全部借方账户与全部贷方账户之间互为对应账户
D. 以“有借必有贷，借贷必相等”作为记账规则

50. 以下（　　）账户属于损益类账户。
A. 预付账款　　B. 预收账款
C. 财务费用　　D. 本年利润

51. 账户中在会计期末时应转入下期的金额指标是（　　）。
A. 本期增加发生额　　B. 本期减少发生额
C. 期末余额　　D. 期初余额

52. 下列账户中，期末无余额的是（　　）。
A.“生产成本”账户　　B.“营业外收入”账户
C.“应付职工薪酬”账户　　D.“盈余公积”账户

53. A 公司月末编制的试算平衡表中，全部账户的本月贷方发生额合计为 120 万元，除银行存款外的本月借方发生额合计 104 万元，则银行存款账户（　　）。

A. 本月借方余额为 16 万元　　B. 本月贷方余额为 16 万元

C. 本月贷方发生额为 16 万元　　D. 本月借方发生额为 16 万元

54. 下列各项中，作为账户发生额试算平衡理论依据的是（　　）。

A. 借贷记账法的记账规则

B. 经济业务的内容

C. "资产 = 负债 + 所有者权益" 会计等式

D. 经济业务的类型

55. 下列各项中，属于"累计折旧"账户对之调整的账户是（　　）。

A. 制造费用　　B. 管理费用

C. 固定资产　　D. 实收资本

56. 能够通过试算平衡发现的错误是（　　）。

A. 开出支票 1 500 元偿还所欠货款，分录为：

借：应付账款　　1 500

　贷：应收账款　　1 500

B. 收回欠款 4 800 元，分录为：

借：库存现金　　480

　贷：应收账款　　480

C. 从银行提取现金 2 000 元，分录为：

借：银行存款　　2 000

　贷：库存现金　　2 000

D. 用现金 960 元购买材料，已验收入库，分录为：

借：原材料　　900

　贷：库存现金　　960

57. 某企业原材料总分类账户的本期借方发生额为 25 000 元，贷方发生额为 24 000 元。其所属的三个明细分类账中：甲材料本期借方发生额为 8 000 元，贷方发生额为 6 000 元；乙材料本期借方发生额为 13 000 元，贷方发生额为 16 000 元，则丙材料的（　　）。

A. 本期借方发生额为 12 000 元，贷方发生额为 2 000 元

B. 本期借方发生额为 4 000 元，贷方发生额为 2 000 元

C. 本期借方发生额为 4 000 元，贷方发生额为 10 000 元

D. 本期借方发生额为 6 000 元，贷方发生额为 8 000 元

58. 采购员回公司报销差旅费 2 000 元，返纳现金 200 元（原预借差旅费 2 200 元）。该笔业务应编制的会计分录是（　　）对应关系的分录。

A. 一借一贷　　B. 一借多贷

C. 一贷多借　　D. 多借多贷

59. 账户的基本结构分为左右两方，其基本依据是（　　）。

A. 登记收支业务　　B. 借贷原理

C. 收付原理　　D. 资金在运动中量的增加和减少

60. 企业的会计科目必须反映（　　）的特点。
A. 会计职能　　B. 会计本质
C. 会计对象　　D. 会计方法

61. 月末应无余额的账户是（　　）。
A. 固定资产　　B. 银行存款
C. 管理费用　　D. 实收资本

三、多项选择题

1. 下列项目中，属于会计科目的有（　　）。
A. 固定资产　　B. 运输设备
C. 原材料　　D. 未完工产品
E. 资本公积

2. 下列会计科目中属于所有者权益类的是（　　）。
A. 本年利润　　B. 实收资本
C. 利润分配　　D. 盈余公积
E. 营业外收入

3. 会计科目按体现会计信息详细程度的不同，可以分为（　　）。
A. 资产类会计科目　　B. 负债类会计科目
C. 所有者权益类会计科目　　D. 总分类科目
E. 明细分类科目

4. 下列各项中，体现账户特点的是（　　）。
A. 按相反方向记录增加额和减少额
B. 账户的余额一般与记录的增加额在同一方向
C. 期初余额与上期的期末余额在同一方向
D. 上期的期初余额等于本期的期初余额
E. 上期的期末余额等于本期的期初余额

5. "投资者对企业追加投资"业务，涉及下列各项中的（　　）。
A. 资产增加　　B. 负债增加
C. 所有者权益增加　　D. 费用增加
E. 收入增加

6. "从银行取得借款存入银行"业务，涉及下列各项中的（　　）。
A. 银行存款　　B. 短期借款
C. 实收资本　　D. 应付账款
E. 预收账款

7. 下列账户中，期末结账后一般应有余额的账户有（　　）。
A. 资产类账户　　B. 负债类账户
C. 所有者权益类账户　　D. 收入类账户
E. 费用类账户

8. 借贷记账法的记账符号"贷"对下列账户表示增加的有（　　）。
A. "短期借款"　　B. "坏账准备"

C. “应收账款” D. “应付账款”

E. “累计折旧”

9. 下列属于损益类账户的有（　　）。

A. “主营业务收入” B. “管理费用”

C. “营业外支出” D. “所得税费用”

E. “投资收益”

10. 在编制试算平衡表时，账户记录出现错误但又不影响借贷双方平衡的有（　　）。

A. 某项业务在有关账户中全部被漏记

B. 某项业务在有关账户中全部被重复记录

C. 应借应贷账户相互颠倒

D. 借、贷方账户都多记相同金额

E. 借方账户比贷方账户多记金额

11. 在借贷记账法下，期末结账后，一般没有余额的账户有（　　）。

A. 资产账户 B. 负债账户

C. 所有者权益账户 D. 费用账户

E. 收入账户

12. 下列账户中，一般情况下期末没有余额的是（　　）。

A. 生产成本 B. 制造费用

C. 在途物资 D. 所得税费用

E. 应收账款

13. 借贷记账法的试算平衡包括（　　）。

A. 数量平衡 B. 余额平衡

C. 发生额平衡 D. 总账与明细账平衡

E. 差额平衡

14. 账户的基本结构包括（　　）。

A. 账户名称 B. 记账日期

C. 凭证号数 D. 摘要

E. 增加和减少的金额和余额

15. 复合会计分录包括（　　）。

A. 一借一贷的会计分录 B. 一借多贷的会计分录

C. 一贷多借的会计分录 D. 多借多贷的会计分录

E. 其他形式的会计分录

16. 借贷记账法的试算平衡公式表示为（　　）。

A. 期末余额 = 期初余额 + 本期增加发生额 − 本期减少发生额

B. 资产 = 负债 + 所有者权益

C. 资产 = 负债 + 所有者权益 +（收入 − 费用）

D. 全部账户本期借方发生额合计 = 全部账户本期贷方发生额合计

E. 全部账户期末借方余额合计 = 全部账户期末贷方余额合计

17. 采用借贷记账法时，账户的借方登记（　　）。

A. 资产增加
B. 负债减少
C. 所有者权益减少
D. 负债增加
E. 所有者权益增加

18. 账户本期期末余额的计算，涉及（　　）。
A. 本期期初余额
B. 本期增加发生额
C. 本期减少发生额
D. 下期期末余额
E. 上期期初余额

19. 下列表述正确的是（　　）。
A. 会计科目只是账户的名称
B. 会计科目与账户是同一个概念
C. 会计科目无结构，账户有结构
D. 会计科目与账户反映的内容相同
E. 账户无结构，会计科目有结构

20. 会计分录的基本要素包括（　　）。
A. 记账符号
B. 记账时间
C. 记账金额
D. 账户名称
E. 记账人员

21. 符合权责发生制的要求，需要设置的账户是（　　）。
A. 应收账款
B. 应付职工薪酬
C. 应交税费
D. 财务费用
E. 管理费用

四、不定项选择题

1. 向银行借入短期借款 5 000 元，则应（　　）。
A. 借记“银行存款”
B. 贷记“银行存款”
C. 借记“短期借款”
D. 贷记“短期借款”

2. 以下哪些不符合借贷记账法的记账规则（　　）。
A. 资产、负债同时增加
B. 资产、负债同时减少
C. 所有者权益、负债同时增加
D. 一项所有者权益增加、一项负债减少

3. 会计分录的内容包括（　　）。
A. 经济业务内容摘要
B. 会计科目名称
C. 经济业务发生额
D. 应借应贷方向

4. 按照平行登记法的要求，发生的经济业务在相关的总账和明细账的登记方法是（　　）。
A. 根据总账登记明细账
B. 根据明细账登记总账
C. 先记总账后记明细账
D. 先记明细账后记总账
E. 根据相同的原始依据各自独立登记

5. 账户发生额试算平衡方法是根据（　　）来确定的。

A. 借贷记账法的记账规则
B. 资产 = 负债 + 所有者权益
C. 收入 − 费用 = 利润
D. 平行登记原则

6. 按记账方式的不同，记账方法分为（　　）。
A. 单式记账法
B. 借贷记账法
C. 复式记账法
D. 收付记账法
E. 增减记账法

7. 下列说法正确的有（　　）。
A. 资产类账户与权益类账户的结构相反
B. 借贷记账法和增减记账法都是单式记账法
C. 借贷记账法是以“借”“贷”为记账符号的一种复式记账法
D. 收入类账户结构与所有者权益类账户相似
E. 费用类账户结构与所有者权益类账户相似

8. 账户的哪一方记录增加，哪一方记录减少是由（　　）决定的。
A. 账户的性质
B. 所采用的记账方法
C. 会计平衡原理
D. 业务的性质

9. 下列不属于损益类会计科目的是（　　）。
A. 投资收益
B. 管理费用
C. 主营业务成本
D. 生产成本

五、判断题（对的打“√”，错的打“×”）

1. 在所有账户中，左方均登记增加额，右方均登记减少额。（　　）

2. 标明某项经济业务应借、应贷账户及其金额的记录称为会计分录。（　　）

3. 每个账户的本期增加额都记在借方，本期减少额都记在贷方。（　　）

4. 会计科目仅是名称而已，若要体现会计要素的增减变化及结果则要借助于账户。（　　）

5. 一般来说，各类账户的期末余额与记录增加额的一方属同一方向。（　　）

6. 复式记账法是指对发生的每一项经济业务，都以相等的金额，在相互关联的两个或两个以上账户中进行记录的一种记账方法。（　　）

7. 复式记账法可以反映经济业务的来龙去脉。（　　）

8. 权益类账户发生增加额时登记在该账户的贷方，发生减少额时登记在该账户的借方，其余额一般出现在账户的借方。（　　）

9. 为了保持账户对应关系清楚，一般不宜把不同类型的经济业务合并在一起编制多借多贷的会计分录。（　　）

10. 通过试算平衡表检查账户记录是否正确，如果借贷平衡，就说明记账没有错误。（　　）

11. 在借贷记账法下，账户哪一方记增加、哪一方记减少是根据所采用的记账方法和账户反映的经济业务内容决定的。（　　）

12. 会计科目与会计账户反映的经济内容是相同的。（　　）

13. 在借贷记账法下，资产类和负债类账户的余额一般都在借方，而减少额则记入贷方。（　　）

14. 资产类账户期末借方余额 = 期初贷方余额 + 本期借方发生额 − 本期贷方发生额。 （ ）

15. 设置会计科目应遵循统一性与灵活性相结合的原则。 （ ）

16. 因为会计科目和账户所反映的经济内容是相同的，所以会计科目和账户没有什么区别。 （ ）

17. 试算平衡是检验记账是否正确的一种工具，因此，只要试算平衡了，就说明记账过程是正确的。 （ ）

18. 会计科目设置既要适应经济业务发展的需要，又要保持相对的稳定。 （ ）

19. 会计科目是根据会计账户设置的。 （ ）

20. 总分类账户除了以货币计量单位进行金额核算外，必要时还要运用实物计量单位进行数量核算。 （ ）

21. 负债类账户期末贷方余额 = 期初借方余额 + 本期借方发生额 − 本期贷方发生额。 （ ）

22. 明细分类账户的核算只用货币计量。 （ ）

23. 为了保证账户对应关系的清晰性，一般不宜编制一借多贷和一贷多借的复合会计分录。 （ ）

24. 复合分录可以分解为几个简单分录，几个简单分录可以合并为一个复合分录。 （ ）

六、简答题

1. 简述会计科目的设置原则。
2. 简述账户和会计科目的区别与联系。
3. 简述账户格式的主要内容。
4. 复式记账法的基本原则有哪些？
5. 简述复式记账法的特点和种类。
6. 借贷记账法的特点有哪些？
7. 运用借贷记账法编制会计分录的步骤有哪些？
8. 简述总分类账户和明细分类账户的相互关系。
9. 简述总分类账户和明细分类账户平行登记的概念和要点。
10. 简述企业会计循环过程的基本步骤。

七、业务计算题

练习一

【资料】某企业 202×年 8 月发生下列经济业务：

（1）投资人 C 投资 6 000 000 元，存入银行存款户。

（2）购入一项专利技术，价值 100 000 元。

（3）用银行存款购买机器设备，共计 2 300 000 元。

（4）从银行存款账户中归还银行短期借款 2 000 000 元。

（5）收到投资人 B 作为投资的机器设备，价值 50 000 元。

（6）以现金购买零星办公用品 18 000 元，直接发往各办公室。

（7）购入材料一批，计 240 000 元，货款尚未支付。

（8）本月产品销售收入共计 760 000 元，账款未收。

（9）收到某单位所欠款项 68 000 元，存入银行存款户。

（10）从银行存款户提取现金 154 000 元，准备发放职工工资。

（11）发放职工工资 54 800 元。

（12）购入材料一批，计 120 000 元，货款已从银行存款户中付讫。

（13）从银行存款户中支付上月所欠某单位款项 180 000 元。

（14）从银行存款户中支付管理部门其他各种费用 55 000 元。

（15）从银行存款户中支付广告费 30 000 元。

【要求】指出上述资料每项经济业务涉及的会计科目，并指出这项业务中该科目应记增还是应记减。

练习二

【资料】有下列会计科目：

（1）交易性金融资产；

（2）应付票据；

（3）实收资本；

（4）预付账款；

（5）预收账款；

（6）利润分配；

（7）在途物资；

（8）应交税费；

（9）制造费用；

（10）长期待摊费用；

（11）投资收益；

（12）主营业务成本。

【要求】指出上述会计科目的种类。

练习三

【资料】某企业 202×年 3 月有关账户的资料如下表：

单位：元

账户名称	期初余额	借方发生额	贷方发生额	期末余额
库存现金	3 000	11 500	（ ）	700
银行存款	100 000	（ ）	39 500	300 500
应收账款	15 000	18 000	（ ）	3 000
固定资产	80 000	（ ）	0	130 000
原材料	6 000	5 400	（ ）	8 500
短期借款	8 000	5 000	（ ）	7 000
应付账款	5 000	5 000	10 000	（ ）
实收资本	201 000	0	（ ）	382 000
盈余公积	84 000	19 000	12 000	（ ）

【要求】根据各类账户的性质和结构，计算并填写上面表格的空格。

练习四

【资料】某公司202×年6月各账户的有关资料见下表：

单位：元

账户名称	期初余额		本期发生额		期末余额	
	借方	贷方	借方	贷方	借方	贷方
库存现金	950		4 360	（ ）	960	
银行存款	2 690		（ ）	7 460	（ ）	
应收账款	（ ）		（ ）	18 400	0	
原材料	5 000		1 720	（ ）	4 100	
固定资产	（ ）		5 000	0	10 400	
短期借款		（ ）	2 000	0		0
应付账款		3 700	4 400	（ ）		2 000
应付票据		（ ）	4 000	2 600		3 600
实收资本		20 000	0	（ ）		20 000
合计	（ ）	（ ）	（ ）	（ ）	（ ）	（ ）

【要求】在括号中填入正确的数字。

练习五

【资料】A公司202×年4月初各账户余额见下表：

单位：元

资产	余额	负债及所有者权益	余额
固定资产	2 000 000	实收资本	3 000 000
无形资产	0	长期借款	360 000
原材料	460 000	应付职工薪酬	310 000
生产成本	260 000	短期借款	120 000
库存商品	450 000	其他应付款	30 000
库存现金	5 000	应付账款	180 000
银行存款	350 000		
应收账款	420 000		
其他应收款	55 000		
合计	4 000 000	合计	4 000 000

本月份发生以下经济业务：

（1）投资人投入机器设备一台，价值1 200 000元。

（2）从A厂购入原材料240 000元，货款未付。

（3）购入专利技术100 000元，以银行存款支付。

（4）仓库发出材料40 000元，用于生产产品。

（5）职工张明出差，预借差旅费2 000元，办妥借款手续，以现金给付。

(6) 本月生产产品已验收入库（库存商品），实际生产成本共计140 000元。
(7) 用银行存款300 000元购买一间厂房。
(8) 向银行借入短期借款240 000元，直接归还欠A供应单位应付账款。
(9) 用银行存款归还欠B公司货款50 000元。
(10) 接受投资者追加投资100 000元，存入银行。
(11) 通过银行结算，收回C公司前欠货款390 000元。
(12) 开出支票，用银行存款归还短期借款240 000元。
(13) 提取现金10 000元以备零用。
(14) 开出支票，用银行存款购入20 000元原材料，原材料已验收入库。
(15) 借入长期借款100 000元。

【要求】
(1) 根据资料开设账户，并登记期初余额。
(2) 根据资料编制会计分录，并过入各账户。
(3) 计算各账户本期发生额和余额。
(4) 编制本月份“总分类账户本期发生额和余额试算平衡表”。

练习六

【资料】根据账户的结构，将下列“T”型账户中的（　　）处数据填写完整。

库存现金

借方			贷方
期初余额	1 240		
(1)	600	(3)	800
(2)	1 500		
本期发生额	（　　）	本期发生额	（　　）
期末余额	（　　）		

应收账款

借方			贷方
期初余额	56 780		
(2)	12 600	(1)	23 800
(3)	（　　）		
本期发生额	34 500	本期发生额	（　　）
期末余额	（　　）		

短期借款

借方			贷方
		期初余额	500 000
(1)	200 000		
(2)	100 000		
(3)	（　　）		
		(4)	（　　）
本期发生额	（　　）	本期发生额	600 000
		期末余额	5 000

借方	销售费用		贷方
(1)	15 000		
(2)	50 000		
(3)	60 000		
		(4)	( )
本期发生额	( )	本期发生额	( )

练习七

【资料】某公司 202×年 12 月 1 日“原材料”总分类账户和明细分类账户的有关资料如下（增值税不考虑）：

“原材料”总分类账户期初借方余额 15 000 元，其所属明细分类账户余额：A 材料 2 000 千克，单价 5 元，金额 10 000 元；B 材料 500 只，单价 10 元，金额 5 000 元。“应付账款”总分类账户期初贷方余额 10 000 元，其所属明细分类账户余额：新华公司 6 000 元；长江公司 4 000 元。

12 月份该公司发生的有关原材料采购结算和收入及发出的经济业务如下：

（1）5 日向新华公司购入 A 材料 3 000 千克，单价 5 元；B 材料 200 只，每只 10 元，货款未付。

（2）10 日以银行存款偿还月初欠新华公司与长江公司的应付账款。

（3）18 日向长江公司购入 A 材料 2 000 千克，单价 5 元；B 材料 100 只，每只 10 元，货款未付。

（4）20 日生产车间领用 A 材料 4 000 千克、B 材料 400 只，投入生产。

【要求】设置“原材料”“应付账款”总分类账和明细分类账，根据上述资料编制会计分录，采用平行登记法将所作会计分录登入上述各总账和明细账中，并编制“原材料”“应付账款”明细分类账的本期发生额和余额明细表，并与其相应的总分类账户本期发生额和余额进行核对。

第四章 制造企业主要经济业务核算与成本计算

一、名词解释

1. 实收资本
2. 资本公积
3. 短期借款
4. 生产型增值税
5. 消费性增值税
6. 固定资产
7. 制造费用
8. 累计折旧
9. 期间费用

二、单项选择题

1. 购入需安装的固定资产，其价值应先记入（　　）科目，待安装完毕后再转入固定资产科目。

A. 材料采购　　B. 在途物资
C. 周转材料　　D. 在建工程

2. 某一般纳税企业购入不需要安装设备一台，支付货款45 200元（其中金额40 000元，税额5 200元），另支付运输费1 090元（其中金额1 000元，税额90元），保险费636元（其中金额600元，税额36元）。则该设备的入账价值为（　　）元。

A. 41 600　　B. 45 200
C. 41 746　　D. 46 926

3. 某企业购买材料一批，买价3 000元，增值税进项税额为390元，运杂费200元，开出商业汇票支付，但材料尚未收到，应贷记（　　）科目。

A. 原材料　　B. 材料采购
C. 银行存款　　D. 应付票据

4. 通常情况下，长期借款在购建的资产达到预定可使用状态后发生的费用，应作为（　　）列支。

A. 在建工程　　B. 固定资产
C. 营业外支出　　D. 财务费用

5. 某企业月末计提短期借款利息600元，应借记（　　）科目。

A. 管理费用　　B. 销售费用
C. 财务费用　　D. 制造费用

6. 当企业不设置预付账款科目时，预付货款时应通过（　　）核算。

A. 应收账款的借方　　B. 应收账款的贷方
C. 应付账款的借方　　D. 应付账款的贷方

7. 某企业生产车间主任出差归来，报销会议费等差旅费1 560元，应借记（　　）科目。

A. 管理费用　　B. 制造费用
C. 财务费用　　D. 销售费用

8. 某企业月初甲产品的在产品成本为 7 800 元，本月为生产甲产品投入生产费用 18 000 元，月末在产品成本为 6 200 元，则本月完工入库甲产品成本为（　　）元。

A. 25 800　　B. 18 000
C. 19 600　　D. 11 800

9. 某企业以银行存款支付产品展览费 5 000 元，应借记（　　）科目。

A. 管理费用　　B. 销售费用
C. 财务费用　　D. 制造费用

10. 某企业以银行存款支付业务招待费 4 200 元，应借记（　　）科目。

A. 管理费用　　B. 销售费用
C. 财务费用　　D. 制造费用

11. 下列不应作为其他业务收入核算的是（　　）。

A. 产品销售收入　　B. 材料销售收入
C. 出租无形资产收入　　D. 出租固定资产收入

12. 某企业收到捐赠款 12 000 元，收存银行，应贷记（　　）科目。

A. 主营业务收入　　B. 其他业务收入
C. 营业外收入　　D. 营业外支出

13. 所有损益类科目期末都应结转至（　　）科目，结转后损益类科目无余额。

A. 利润分配——未分配利润　　B. 本年利润
C. 实收资本　　D. 资本公积

14. 某企业支付罚款 1 000 元，应借记（　　）科目。

A. 营业外收入　　B. 营业外支出
C. 管理费用　　D. 销售费用

15. 企业为生产产品和提供劳务而发生的间接费用应先在“制造费用”科目归集，期末再按一定的标准和方法分配记入（　　）科目。

A. 管理费用　　B. 生产成本
C. 本年利润　　D. 库存商品

16. 下列关于“本年利润”科目的表述中不正确的是（　　）。

A. 贷方登记转入的营业收入、营业外收入等金额
B. 借方登记转入的营业成本、营业外支出等金额
C. 年度终了结账后，该科目无余额
D. 全年的任何一个月末都不应有余额

17. 某企业 202×年 9 月 30 日，“本年利润”科目的贷方余额为 20 万元，表明（　　）。

A. 该企业 202×年 1～9 月份的净利润为 20 万元
B. 该企业 202×年 9 月的净利润为 20 万元
C. 该企业 202×年全年的净利润为 20 万元
D. 该企业 202×年 12 月份的净利润为 20 万元

18. 无法支付的应付款项应转入（　　）科目。

A. 营业外收入　　B. 其他业务收入

C. 其他应付款　　D. 资本公积

19. 下列不属于利润分配内容的是（　　）。

A. 计提法定盈余公积　　B. 计提任意盈余公积

C. 分配投资者利润　　D. 计提职工住房公积金

20. 销售产品发生的消费税应记入（　　）科目的借方。

A. 应交税费　　B. 税金及附加

C. 本年利润　　D. 利润分配

21. 下列期末应转入“本年利润”科目借方的是（　　）。

A. 应交税费——应交城建税　　B. 应交税费——应交增值税

C. 应交税费——应交消费税　　D. 所得税费用

22. 下列应确认为营业外收入的是（　　）。

A. 罚款收入　　B. 租金收入

C. 材料销售收入　　D. 商品销售收入

23. 年终结账后，“利润分配——未分配利润”科目的余额（　　）。

A. 在借方　　B. 在贷方

C. 无余额　　D. 既有可能在贷方又有可能在借方

24. 下列属于“营业外支出”科目核算内容的是（　　）。

A. 行政管理人员的工资　　B. 各种销售费用

C. 借款的利息　　D. 非常损失

25. 下列项目中，影响营业利润的因素是（　　）。

A. 营业外收入　　B. 所得税费用

C. 管理费用　　D. 营业外支出

26. 利润分配结束后，“利润分配”总分类科目所属的明细分类科目中只有（　　）有余额。

A. 提取盈余公积　　B. 其他转入

C. 应付利润　　D. 未分配利润

27. 投资者投入的超过注册资本或股本的金额应计入（　　）。

A. 营业外收入　　B. 实收资本

C. 盈余公积　　D. 资本公积

28. 某企业年初未分配利润为100万元，本年净利润1 000万元，按10%计提法定盈余公积，按5%计提任意盈余公积，宣告发放现金股利80万元。该企业期末未分配利润为（　　）万元。

A. 855　　B. 867

C. 870　　D. 874

29. 实际成本法下，企业购入的尚未入库的材料，应该通过（　　）账户进行核算。

A. 材料采购　　B. 原材料
C. 工程物资　　D. 在途物资

三、多项选择题

1. 固定资产的采购成本包括（　　）。
A. 固定资产的买价　　B. 支付的增值税
C. 运输费用　　D. 安装费用
E. 进口关税

2. 下列各项中，账户之间不存在对应关系的有（　　）。
A.“生产成本”与“应付职工薪酬”
B.“制造费用”与“本年利润”
C.“应付票据”与“主营业务收入”
D.“预收账款”与“主营业务收入”
E.“预付账款”与“在途物资”

3. 下列费用中，属于生产过程中发生的费用有（　　）。
A. 车间机器设备折旧费　　B. 材料采购费用
C. 生产工人工资　　D. 生产产品耗用的材料费
E. 车间照明用电费

4. 计提固定资产折旧时，与“累计折旧”账户对应的账户为（　　）。
A. 生产成本　　B. 制造费用
C. 管理费用　　D. 销售费用
E. 银行存款

5. 期间费用一般包括（　　）。
A. 财务费用　　B. 管理费用
C. 销售费用　　D. 制造费用
E. 折旧费用

6. 关于“本年利润”账户，下列说法中正确的有（　　）。
A. 借方登记期末转入的各项费用
B. 贷方登记期末转入的各项收入
C. 贷方余额为实现的累计净利润额
D. 借方余额为发生的亏损额
E. 年末经结转后该账户没有余额

7. 如果企业将购入固定资产的30 000元，错误地记入了“管理费用”账户，其结果会导致（　　）。
A. 费用多计30 000元　　B. 资产多计30 000元
C. 利润多计30 000元　　D. 利润少计30 000元
E. 资产少计30 000元

8. 关于“利润分配”账户，下列表述中正确的是（　　）。
A. 平时，贷方一般不作登记
B. 借方登记实际分配的利润数额
C. 年末结转后，本账户应无余额
D. 年末结转后，借方余额表示未弥补亏损
E. 年末结转后，贷方余额表示未分配利润

9. 下列账户中，期末结转后一定无余额的是（　　）。
A.“预收账款”　　B.“预付账款”
C.“销售费用”　　D.“管理费用”
E.“财务费用”

10. 下列各项中，属于外购材料采购成本的有（　　）。
A. 材料买价　　B. 运输费
C. 采购人员差旅费　　D. 运输途中合理损耗
E. 入库前整理挑选费

11. 下列各项中，应直接计入当期损益的有（　　）。
A. 制造费用　　B. 管理费用
C. 营业外收入　　D. 财务费用
E. 主营业务收入

12. 下列各项税费中，可能记入“税金及附加”账户的有（　　）。
A. 增值税　　B. 所得税
C. 消费税　　D. 城建税
E. 教育费附加

13. 下列各项中，应记入“营业外支出”账户的有（　　）。
A. 广告费　　B. 借款的利息
C. 固定资产的盘亏处理　　D. 捐赠支出
E. 罚款支出

14. 下列账户中，与“主营业务收入”账户存在对应关系的有（　　）。
A.“库存现金”　　B.“应收账款”
C.“预收账款”　　D.“本年利润”
E.“预付账款”

15. 工业企业产品的成本项目一般包括（　　）。
A. 直接材料　　B. 直接人工
C. 管理费用　　D. 制造费用
E. 销售费用

16. 下列税金列作“税金及附加”核算的有（　　）。
A. 增值税　　B. 城建税
C. 房产税　　D. 印花税
E. 土地使用税

17. 下列关于“预付账款”科目的说法，正确的有（　　）。
   A. 预付及补付的款项登记在借方
   B. 该科目的借方余额，表示预付给供货单位的款项
   C. 该科目的贷方余额，表示应当补付的款项
   D. 预付账款不多的企业，也可以将预付账款记入“应付账款”科目借方
   E. 预付账款不多的企业，也可以将预付账款记入“应收账款”科目借方
18. 关于“生产成本”账户，下列说法正确的有（　　）。
   A. 该账户属于损益类
   B. 该科目无余额
   C. 该科目借方登记应计入产品成本的各项费用
   D. 该科目贷方登记完工入库产品的生产成本
   E. 该科目借方余额表示尚未完工产品的实际成本
19. 投资者投入资本，能够记入的科目有（　　）。
   A. 盈余公积　　B. 营业外收入
   C. 实收资本　　D. 资本公积
   E. 主营业务收入
20. 年末结账后，“利润分配”余额为零的明细科目为（　　）。
   A. 提取法定盈余公积　　B. 提取任意盈余公积
   C. 应付股利　　D. 未分配利润
   E. 本年利润
21. 下列项目中，应记入“财务费用”账户的是（　　）。
   A. 利息支出　　B. 汇兑损失
   C. 支付金融机构手续费　　D. 财务会计人员工资
   E. 利息收入
22. 下列经济业务或事项中，应进行会计核算的有（　　）。
   A. 车间设备计提折旧
   B. 外单位捐赠小汽车一辆
   C. 与某单位签订合同拟购入一批原材料
   D. 本月银行借款应计利息
   E. 产品完工，验收入库
23. 下列各项中，属于职工薪酬内容的有（　　）。
   A. 工资　　B. 出差补贴
   C. 养老保险费　　D. 津贴和补贴
   E. 住房公积金
24. 下列各项中，影响企业营业利润的有（　　）。
   A. 营业收入　　B. 管理费用
   C. 所得税费用　　D. 营业外支出
   E. 资产减值损失

四、不定项选择题

1. 企业分配工资费用时，不会涉及的账户是（　　）。
   A. 生产成本　　B. 制造费用
   C. 管理费用　　D. 财务费用
2. 期末下列（　　）账户的余额应转入本年利润账户。
   A. 资产减值损失　　B. 财务费用
   C. 制造费用　　D. 投资收益
   E. 生产成本
3. 企业为生产产品而发生的各项期间费用，应首先归集在（　　）账户。
   A. 管理费用　　B. 制造费用
   C. 主营业务成本　　D. 生产成本
   E. 销售费用
4. 制造费用分配的标准很多，一般可按（　　）进行分配。
   A. 材料重量　　B. 产品耗用工时
   C. 机器工作小时　　D. 生产工人工资
5. 将“本年利润”账户和“利润分配”账户下的其他有关明细账户的余额转入“未分配利润”明细账户后，“未分配利润”明细账户的贷方余额，就是（　　）。
   A. 当年实现的净利润　　B. 累计留存收益
   C. 累计实现的净利润　　D. 累计未分配的利润数额
6. 计提工资编制的会计分录中，可能涉及的账户有（　　）。
   A. 生产成本　　B. 管理费用
   C. 制造费用　　D. 应付职工薪酬
7. 下列影响营业利润计算的因素有（　　）。
   A. 所得税费用　　B. 营业外支出
   C. 制造费用　　D. 管理费用
8. 下列影响净利润计算的因素有（　　）。
   A. 所得税费用　　B. 营业外支出
   C. 主营业务成本　　D. 管理费用
9. 下列应确认为营业外支出的是（　　）。
   A. 材料销售损失　　B. 借款费用
   C. 离退休人员工资　　D. 固定资产处置净损失
10. 应记入“税金及附加”科目核算的税费包括（　　）。
   A. 消费税　　B. 增值税
   C. 教育费附加　　D. 城建税
11. 长期借款所发生的利息支出，可能借记的科目有（　　）。
   A. 销售费用　　B. 财务费用
   C. 在建工程　　D. 管理费用

12. 企业计提固定资产折旧时，下列会计分录正确的有（　　）。

A. 计提行政管理部门固定资产折旧，借：管理费用
　　贷：累计折旧

B. 计提生产车间固定资产折旧，借：制造费用
　　贷：累计折旧

C. 计提专设销售机构固定资产折旧，借：销售费用
　　贷：累计折旧

D. 计提自建工程使用的固定资产折旧，借：在建工程
　　贷：累计折旧

13. 某增值税一般纳税企业购入甲材料一批，支付货款 56 500 元（其中金额 50 000 元，税额 6 500 元），另支付运输费 3 270 元（其中金额 3 000 元，税额 270 元），保险费 530 元（其中金额 500 元，税额 30 元），甲材料尚未验收入库。下列各项正确的是（　　）。

A. 在途物资增加 53 500 元

B. 原材料增加 53 500 元

C. 在途物资增加 53 860 元

D. 应交税费——应交增值税（进项税额）增加 6 860 元

14. 某小规模纳税企业购入甲材料一批，支付货款 56 500 元（其中金额 50 000 元，税额 6 500 元），另支付运输费 3 270 元（其中金额 3 000 元，税额 270 元），保险费 530 元（其中金额 500 元，税额 30 元），甲材料尚未验收入库。下列各项正确的是（　　）。

A. 在途物资增加 53 500 元

B. 原材料增加 53 500 元

C. 在途物资增加 60 300 元

D. 应交税费——应交增值税（进项税额）增加 6 800 元

15. 某企业销售一批化妆品，化妆品的成本为 80 万元，为推销化妆品发生的推销费用为 0.5 万元，化妆品的销售金额为 100 万元，增值税额为 13 万元，因销售该批化妆品应交纳的消费税为 30 万元。根据上述经济业务，以下表述正确的有（　　）。

A. 主营业务成本科目借方发生 80 万元

B. 主营业务收入科目贷方发生 100 万元

C. 税金及附加科目借方发生 30 万元

D. 销售费用科目借方发生 0.5 万元

五、判断题（对的打“√”，错的打“×”）

1. 企业接受投资时“贷方”会计科目为“实收资本”。（　　）

2. 企业借款的利息费用一律都记入“财务费用”科目。（　　）

3. “本年利润”科目余额如果在借方，表示自年初至本期末累计发生的亏损。（　　）

4. 购入固定资产时，其“借方”科目为“固定资产”。（　　）

5. “本年利润”和“利润分配”账户年末结账后余额为零。（ ）

6. 制造费用与管理费用相同，期末都要结转至“本年利润”账户，结转完毕，期末无余额。（ ）

7. 预付账款和应付账款都是负债类的账户，期末有贷方余额。（ ）

8. “累计折旧”科目属于资产类账户，增加记“借方”，减少记“贷方”。（ ）

9. 产品生产过程中对于共同耗用的直接费用，要按照一定的标准分配后，直接记入“生产成本”科目，对于间接费用，则记入“制造费用”科目。（ ）

10. 企业的营业外收支，不影响企业的营业利润，也不影响企业的净利润。（ ）

11. “生产成本”账户如有借方余额，表示期末在产品的成本。（ ）

12. 企业应缴纳的城市建设维护税应计入企业当期损益，记在“管理费用”科目中。（ ）

13. 企业提取法定盈余公积时，应按照利润总额的10%计算。（ ）

14. 在材料采购过程中，采购费用应记入“管理费用”科目中。（ ）

15. 结转已销售产品的生产成本时，所编制会计分录的贷方为“生产成本”。（ ）

16. 对于预收货款业务不多的企业，可以不单独设置“预收账款”账户，其发生的预收货款通过“应收账款”账户核算。（ ）

17. 职工预借差旅费应借记“管理费用”科目。（ ）

18. 超出企业法定资本额的投入资本应作为营业外收入处理。（ ）

19. 企业采购业务涉及增值税进项税额一律记入“应交税费——应交增值税（进项税额）”明细科目。（ ）

20. 通常情况下，由于制造费用期末分配结转至“生产成本”科目，因此无余额。（ ）

六、简答题

1. 产品的生产成本由哪几部分构成？
2. 利润在财务报告中由哪几个层次构成？
3. 简述企业利润分配的顺序。

七、业务计算题

练习一

【资料】深海公司202×年3月份发生下列业务：

（1）向银行借入3年期借款1 000 000元存入银行。

（2）某单位投入设备一台，价值500 000元。

（3）向银行借入6个月借款90 000元存入银行。

（4）接受W公司捐赠汽车1辆，价值230 000元（假设不考虑增值税）。

（5）接受S公司投入该企业商标权一项，投资双方确认的价值为300 000元（假定不考虑增值税），占该企业注册资本的20%。假设深海公司的注册资本为1 000 000元。

（6）从银行存款中支付本季度短期借款利息 3 000 元，本季度前两个月已计提短期借款利息 2 000 元。

（7）以银行存款偿还短期借款 30 000 元、长期借款 200 000 元。

（8）计提长期借款利息 90 000 元，其中固定资产在建期间的借款利息80 000元，固定资产完工交付使用并已办理竣工手续后的利息 10 000 元。

【要求】根据上述资料编制会计分录。

练习二

【资料】南海公司 202×年 3 月购进甲、乙两种材料，有关资料如下：

项目	单价/元	重量/吨	买价/元	增值税/元
甲材料	4 000	80	320 000	41 600
乙材料	2 000	40	80 000	10 400
小计	—	120	400 000	52 000
运输费用	—	—	12 000	1 080
合计	—	—	412 000	53 080

【要求】按材料的重量分配运杂费，计算甲、乙材料的采购总成本和单位成本，并编制结转材料成本的会计分录。

练习三

【资料】欣欣公司（假定为一般纳税人）202×年 9 月份发生的关于采购 A、B、C、D 四种材料的经济业务如下：

（1）9 月 3 日，购买 A 材料 10 吨，增值税专用发票列示的金额为 20 000 元，增值税额为 2 600 元，材料尚未收到。

（2）9 月 5 日，购买的 A 材料收到，长途运费发票列示的金额为 3 000 元，增值税额为 270 元，另外发生装卸费 500 元，用现金支付，A 材料已验收入库。

（3）9 月 16 日，同时购进 B、C 两种材料，增值税专用发票列示如下：B 材料 20 吨，金额为 60 000 元，税额为 7 800 元；C 材料 10 吨，金额为 35 000 元，税额为 4 550 元，材料尚未运达企业，货款尚未支付。

（4）9 月 20 日，B、C 材料运达企业，运费发票金额为 8 000 元，增值税额为 720 元，运输途中的保险费 1 000 元，运费和保险费均已用银行存款支付，B、C 材料均已验收入库。

（5）9 月 25 日，购买 D 材料 2 000 支，增值税专用发票列示的金额为 50 000 元，增值税额为 6 500 元，材料尚未到达，货款已经通过银行转账支付。

要求：根据上述资料，计算 W 公司 A、B、C、D 四种材料的采购成本，并登记在途物资、原材料的明细账，编制材料采购成本计算表。

练习四

【资料】黄河公司 202×年 9 月份发生下列经济业务：

（1）购进一台设备，买价 50 000 元，进项税额 6 500 元，运输费用 1 000 元，进项税额 90 元，保险费 500 元，进项税额 30 元，所有款项均以银行存款支付，设备交付使用。

（2）向W公司购进甲材料1 500千克，单价20元，发票列示的买价30 000元，增值税3 900元；乙材料2 000千克，单价10元，买价20 000元，增值税2 600元。全部款项以银行存款支付，材料尚未验收入库。

（3）用银行存款支付上述甲、乙材料的运杂费7 000元（运杂费按重量分配）。

（4）向S公司购进丙材料3 000千克，单价30元，计90 000元，增值税11 700元，款项已预付，材料尚未验收入库。

（5）用现金支票支付丙材料的运费及装卸费4 300元。

（6）本期购进的甲、乙、丙材料均已验收入库，现结转实际采购成本。

【要求】根据上述经济业务编制会计分录。

练习五

【资料】黄河公司生产A、B两种产品。A产品期初在产品成本为3 000元，本月发生材料费用35 000元，生产工人工资15 000元，月末在产品成本为1 500元，A产品本月完工400件；B产品期初在产品成本为1 500元，本月发生材料费用40 000元，生产工人工资25 000元，月末无在产品，完工产量为100件。本月共发生制造费用4 000元。

【要求】

（1）计算A、B完工产品的总成本和单位成本，制造费用按生产工人工资比例分配。

（2）编制分配制造费用和完工产品入库的会计分录。

练习六

【资料】环宇公司202×年9月“生产成本”账户的期初余额为92 820元，其中，A产品生产成本明细账的期初余额为35 680元，B产品生产成本明细账的期初余额为57 140元。9月份有关产品生产的业务如下：

（1）领用材料14 600元，直接用于A产品生产8 400元，B产品生产5 000元，车间一般耗费1 200元。

（2）计算本月应付生产工人薪酬28 500元，车间管理人员薪酬1 368元，生产工人薪酬按生产工时比例在A、B产品之间进行分配（A产品生产工时为6 400小时，B产品生产工时为3 600小时）。

（3）计提本月生产车间固定资产折旧费6 600元。

（4）用现金支付本月车间办公费332元。

（5）按生产工时的比例分配并结转制造费用。

（6）A产品月末全部完工，B产品全部未完工，计算并结转完工产品成本。

【要求】

（1）根据上述经济业务编制会计分录（涉及计算的，列出计算过程）。

（2）根据所给的资料及计算结果，登记生产成本总账和A产品生产成本明细账（日期、凭证字号略）。

总 分 类 账

科目：生产成本

202×年		凭证种类编号	摘 要	页数	借方	√	贷方	√	借或贷	余额
月	日									
			期初余额						借	92 820
		略								

生产成本明细账

产品名称：A 产品

202×年		凭证号数	摘 要	借方			合计
月	日			直接材料	直接人工	制造费用	
			期初余额	20 100	11 400	4 180	35 680

练习七

【资料】华丰公司202×年3月发生如下经济业务：

（1）出售给长江公司A产品500件，价款为50 000元，增值税为6 500元，货款及增值税已经收到并存入银行。

（2）出售给黄河公司B产品800件，价款为100 000元，增值税为13 000元，货款及增值税尚未收到。

（3）以银行存款支付广告费6 000元。

（4）结转已经销售产品的生产成本。其中，A产品的生产成本30 000元，B产品的生产成本60 000元。

（5）计算应交纳城市建设维护税1 800元。

（6）月终将收入费用发生额转入“本年利润”账户。

【要求】根据上述经济业务编制会计分录。

练习八

【资料】某企业12月份各损益类账户结账前的余额如下：

单位：元

账户名称	账户余额	账户名称	账户余额
主营业务收入	375 400（贷）	其他业务成本	3 400（借）
主营业务成本	153 700（借）	销售费用	52 000（借）
税金及附加	43 000（借）	财务费用	30 400（借）
投资收益	51 000（贷）	管理费用	42 400（借）
其他业务收入	5 600（贷）	营业外支出	41 800（借）
营业外收入	12 000（贷）	所得税费用	25 509（借）

【要求】

（1）结转各损益类账户的余额；

（2）计算如下指标：营业利润、利润总额、净利润。

练习九

【资料】北海公司为增值税一般纳税人，适用税率为13%。202×年5月发生如下业务：

（1）3日，销售A产品300件，单价200元，款项已经收存银行。

（2）8日，销售B产品600件，单价500元，款项尚未收到。

（3）10日，以银行存款支付业务招待费3 900元。

（4）15日，以转账支票向希望工程捐款20 000元。

（5）31日，一次结转本月已销产品的成本。其中，A产品单位成本120元，B产品单位成本450元。

（6）31日，计提本月短期借款利息1 500元。

（7）31日，经对账发现，有一笔应付账款30 000元，长期以来无法支付，按规定予以转销。

（8）31日，计算本月应交城市建设维护税2 800元。

（9）31日，将收入、费用余额结转至“本年利润”账户。

（10）31日，按本月利润总额的25%计算应交所得税，并将所得税转入“本年利润”账户。

【要求】根据上述经济业务编制会计分录，并计算本月的营业利润、利润总额和净利润。

练习十

【资料】诚信公司202×年12月的部分经济业务如下：

（1）将本月实现的主营业务收入280 000元和营业外收入4 000元结转至“本年利润”账户。

（2）将本月发生的主营业务成本100 000元，税金及附加3 000元，销售费用4 500元，管理费用24 500元，财务费用1 500元和营业外支出20 000元转入“本年利润”账户。

（3）按照规定计算出本月应交所得税为43 000元，予以结转。

（4）公司全年实现的净利润为1 000 000元，年终转入“利润分配”账户。

（5）公司按董事会的决议，提取法定盈余公积 100 000 元。

（6）公司按董事会的决议，向投资者分配股利 200 000 元，但尚未支付。

（7）将已分配的净利润转入“利润分配——未分配利润”账户。

【要求】根据上述经济业务编制会计分录。

练习十一

【资料】中北公司 202×年 9 月发生如下经济业务（假定不考虑购入其他费用的增值税）：

（1）1 日，从开户银行提取现金 2 000 元，备用。

（2）1 日，以转账支票支付产品宣传费 9 000 元。

（3）2 日，从滨江工厂购入甲材料 6 000 千克，单价 50 元，购入乙材料 5 000 千克，单价 20 元，增值税税率 13%，签发一张商业汇票，金额为 452 000 元，用银行存款支付运费 1 100 元，运费按重量分配，材料尚未入库。

（4）3 日，从滨江工厂购入的甲、乙两种材料全部验收入库，结转材料的采购成本。

（5）3 日，购入需安装的设备一台，价款 150 000 元，增值税额 19 500 元，设备款用银行存款支付，另用现金支付运费 3 000 元。

（6）9 日，用银行存款支付购入设备的安装费 7 000 元，该设备同日已安装完工，交付车间使用，结转其实际安装成本。

（7）9 日，摊销本月应负担的保险费 8 000 元，其中生产车间承担 3 000 元，管理部门承担 5 000 元。

（8）10 日，以转账支票向某基金会捐款 10 000 元。

（9）15 日，通过开户银行转账 80 000 元发放本月工资。

（10）15 日，采购员李刚报销差旅费 1 500 元，原预借 2 000 元，余款交回。

（11）16 日，销售 A 产品 300 台，每台售价 1 000 元，销售 B 产品 500 台，每台售价 400 元，增值税税率 13%，款项收到存入银行。

（12）17 日，行政管理部门购买办公用品 800 元，以库存现金支付。

（13）17 日，收到信达公司投入资金 300 000 元，款项存入银行。

（14）20 日，向新百公司销售 A 产品 100 台，每台售价 1 000 元，销售 B 产品 200 台，每台售价 400 元，增值税税率 13%，货款尚未收到。

（15）21 日，本月各部门领用材料如下表所示。

材料领用汇总表　　　　单位：元

项目	甲材料	乙材料	合计
A 产品领用	187 000	126 000	313 000
B 产品领用	120 000	87 000	207 000
生产车间一般领用		1 000	1 000
行政管理部门领用	1 000		1 000
合计	308 000	214 000	522 000

（16）25 日，收到新百公司所欠货款 210 600 元，存入银行。

（17）30 日，计提固定资产折旧 20 000 元，其中生产车间固定资产折旧 10 000 元，行政管理部门固定资产折旧 10 000 元。

（18）30 日，计提本月应负担的银行短期借款利息 8 000 元。

（19）30 日，以存款支付本月电费 35 000 元，其中，生产 A 产品用18 000元，生产 B 产品用 12 000 元，车间用 1 000 元，工厂行政部门用4 000元。

（20）30 日，分配结转本月职工工资 80 000 元，其中，生产工人工资60 000元（生产工人工资按工时分配，A 产品 4 500 工时，B 产品 1 500 工时），车间管理人员工资 15 000 元，行政部门人员工资 5 000 元。

（21）30 日，根据 A、B 产品工时比例，分配本月发生的制造费用。

（22）30 日，本月生产的 A 产品和 B 产品已全部完工入库，结转其生产成本。

生产成本账户中 A 产品月初无余额，B 产品月初余额 65 000 元（其中，直接材料 45 000 元、直接人工 8 000 元、制造费用 12 000 元）。本月生产的 A 产品完工入库数量为 500 台，B 产品完工入库数量为 1 000 台。

（23）30 日，计提城市建设维护税 4 800 元，计提教育费附加 1 200 元。

（24）30 日，结转销售产品的销售成本（假设按本月生产产品的单位成本计算销售成本）。

（25）30 日，将各收入账户结转到“本年利润”账户。

（26）30 日，将各费用账户结转到“本年利润”账户。

（27）30 日，按利润总额的 25% 计算本月应交所得税，并结转到“本年利润”账户。

（28）30 日，按实现净利润的 10% 计提法定盈余公积金。

（29）30 日，按实现净利润的 40% 计算应向投资者分配的利润。

（30）30 日，用银行存款支付城市建设维护税 4 800 元、教育费附加1 200元。

【要求】根据以上经济业务编制会计分录，涉及计算的写出计算过程。

练习十二

【资料】鑫源公司长期生产甲、乙两种产品，202×年 11 月份的有关资料如下：

（1）11 月初，乙产品无期初在产品，甲在产品成本资料：直接材料 1 200 元，直接人工 1 000 元，制造费用 800 元。

（2）本期投入生产甲、乙两种产品，各部门领用的 M 材料汇总整理见下表：

M 材料发出汇总表

用途	材料数量/千克	材料单位成本/元·千克	材料金额/元
制造甲产品耗费	3 000	5	15 000
制造乙产品耗费	4 600	5	23 000
车间一般耗费	500	5	2 500
行政管理部门耗费	800	5	4 000

（3）本月的职工薪酬汇总见下表所示，生产工人薪酬按生产工时在甲、乙产品之间进行分配（甲产品的生产工时为 220 小时，乙产品的生产工时为 280 小时）。

职工薪酬汇总表　　　　单位：元

部门	工资	其他薪酬	职工薪酬合计
生产工人	20 000	6 000	26 000
车间管理人员	5 000	1 500	6 500
行政管理人员	7 000	2 100	9 100
合计	32 000	9 600	41 600

（4）用银行存款支付水电费 5 500 元，其中车间负担 4 000 元，行政管理部门负担 1 500 元。

（5）计提本月固定资产折旧费 8 000 元，其中车间折旧费用为 6 000 元，行政管理部门折旧费用为 2 000 元。

（6）月末，甲产品完工 100 件，部分甲产品尚未完工，期末甲在产品的期末资料为：直接材料 500 元，直接人工 300 元，制造费用 200 元；乙产品 200 件全部完工。

假定选取生产工时分配制造费用。

【要求】根据以上资料，计算甲、乙产品的总成本和单位成本。

第五章 账户的分类

一、名词解释

1. 盘存账户
2. 结算账户
3. 权益资本账户
4. 集合分配账户
5. 跨期摊提账户
6. 成本计算账户
7. 收入账户
8. 费用账户
9. 财务成果账户
10. 调整账户
11. 计价对比账户

二、单项选择题

1. “长期待摊费用”账户按照经济内容分类，应归入（　　）账户。

A. 负债类　　B. 费用类
C. 资产类　　D. 成本类

2. 按照账户的用途和结构分类，“累计折旧”账户属于（　　）。

A. 调整账户　　B. 盘存账户
C. 集合分配账户　　D. 计价对比账户

3. 下列账户中，按经济内容分类属于成本类账户的是（　　）账户。

A. 原材料　　B. 制造费用
C. 主营业务成本　　D. 财务费用

4. 下列账户中，既属于结算账户，又属于负债类账户的是（　　）账户。

A. 应收账款　　B. 预收账款
C. 应收票据　　D. 预付账款

5. “税金及附加”账户按其经济内容分类属于（　　）。

A. 负债类账户　　B. 收入类账户
C. 资产类账户　　D. 费用类账户

6. “材料成本差异”账户是用来抵减附加（　　）账户。

A. 原材料　　B. 材料采购
C. 生产成本　　D. 库存商品

7. 期末“固定资产”账户借方余额300 000元，“累计折旧”账户贷方余额90 000元，“固定资产减值准备”账户贷方余额30 000元，则固定资产的账面价值是（　　）元。

A. 210 000　　B. 270 000
C. 180 000　　D. 240 000

8. 债权结算账户的贷方登记（　　）。

A. 应收账款的减少　　B. 应收账款的增加

C. 预收账款的增加 D. 预收账款的减少

9. 债务结算账户的借方登记（ ）。

A. 应付账款的增加 B. 应付账款的减少

C. 预付账款的增加 D. 预付账款的减少

10. 下列账户中，属于集合分配账户的是（ ）。

A. 管理费用 B. 在途物资

C. 制造费用 D. 财务费用

11. 期末“原材料”账户借方余额 3 000 元，“材料成本差异”账户借方余额 200 元，则原材料的实际成本为（ ）元。

A. 3 000 B. 3 200

C. 2 800 D. 200

12. 下列账户中，具有双重性质的账户是（ ）。

A.“待处理财产损溢” B.“所得税费用”

C.“税金及附加” D.“财务费用”

三、多项选择题

1. 下列账户按经济内容分类，属于负债类账户的有（ ）。

A.“应付账款” B.“预付账款”

C.“预收账款” D.“短期借款”

E.“长期应付款”

2. 下列账户中，属于资产类账户的有（ ）。

A.“待处理财产损溢” B.“应付利息”

C.“预付账款” D.“预收账款”

E.“应收账款”

3. 下列账户中，属于所有者权益类的账户有（ ）。

A.“本年利润” B.“利润分配”

C.“盈余公积” D.“应付利润”

E.“应付账款”

4. 下列账户中，属于债务结算账户的有（ ）。

A.“预收账款” B.“预付账款”

C.“应付票据” D.“其他应付款”

E.“其他应收款”

5. 借贷记账法下，期末余额一般情况下在贷方的账户有（ ）。

A.“应付账款” B.“预收账款”

C.“银行存款” D.“短期借款”

E.“应付职工薪酬”

6. 下列（ ）账户属于盘存账户。

A.“银行存款” B.“原材料”

C.“无形资产” D.“库存商品”

E.“应收账款”

7. 下列账户中，期末一般没有余额的是（　　）账户。

A. 长期待摊费用　　B. 管理费用

C. 财务费用　　D. 资产减值损失

E. 营业外收入

8. 下列属于抵减账户的有（　　）。

A. 坏账准备　　B. 固定资产减值准备

C. 累计折旧　　D. 存货跌价准备

E. 累计摊销

9. 下列账户中，期末一般没有余额的有（　　）。

A. 收入账户　　B. 盘存账户

C. 结算账户　　D. 集合分配账户

E. 费用账户

10. 按照不同标准分类，下列账户中既是负债账户又是结算账户的有（　　）。

A. 应付账款　　B. 应交税费

C. 预付账款　　D. 应付职工薪酬

E. 应付股利

四、不定项选择题

1. 账户按经济内容的不同，分为资产类、负债类、（　　）五大类。

A. 收入类　　B. 成本类

C. 所有者权益类　　D. 损益类

2. 账户按用途和结构分类，下列账户中与“本年利润”账户借方发生对应关系的有（　　）。

A. 费用账户　　B. 集合分配账户

C. 跨期摊提账户　　D. 成本计算账户

3. 下列账户中，不属于调整账户的有（　　）。

A. 累计折旧　　B. 累计摊销

C. 坏账准备　　D. 待处理财产损溢

五、判断题（对的打“√”，错的打“×”）

1. 调整账户按其调整方式的不同可以分为抵减账户、附加账户和抵减附加账户。（　　）

2. “预收账款”既是资产类账户又是结算账户。（　　）

3. “材料成本差异”账户的期末余额方向不是固定的。当其余额在借方时，对“原材料”账户起着抵减作用；当其余额在贷方时，对“原材料”账户起着附加作用。（　　）

4. 账户按其经济内容划分归为一类，则按其用途和结构划分也必定归为同一类。（　　）

5. 采用计划成本进行材料日常核算的企业，设置的“材料成本差异”账户属于调整账户。（　　）

六、简答题

1. 简述账户分类的目的和作用。
2. 账户按经济内容可分为哪几类?
3. 账户按用途和结构可分为哪几类?

七、业务计算题

练习一

【资料】某企业2月份“应付账款”和“预付账款”两个账户及所属明细账的期初余额如下:

“应付账款”贷方余额2 860元

其中:甲工厂　　1 600元

　　　乙工厂　　1 260元

“预付账款”借方余额3 606元

其中:丙工厂　　2 106元

　　　丁工厂　　1 500元

该企业2月份发生下列经济业务:

(1)收到丙工厂发来的材料共计2 106元,其中材料价款1 800元,增值税额306元,材料尚未验收入库,货款已于上月预付。

(2)用银行存款1 200元归还所欠乙工厂的货款。

(3)从甲工厂购进材料一批,材料价款2 000元,增值税额340元,运输发票显示运费金额为100元,增值税额为11元,共计2 451元,材料尚未验收入库,货款和税款尚未支付。

(4)月末,购入的两批材料验收入库,结转所购入材料的采购成本。

【要求】

(1)根据上述业务编制会计分录。

(2)开设“应付账款”和“预付账款”总账及其明细账(以“T”型账户表示),根据所编会计分录登账并结账。

练习二

【资料】某企业3月份制造费用的发生情况如下:

(1)车间耗用材料17 220元。

(2)结算车间管理人员工资8 000元。

(3)计提车间使用的厂房、机器设备等固定资产折旧8 000元。

(4)用银行存款支付生产车间办公费2 500元,取得增值税普通发票。

(5)月末将本月发生的制造费用分配转入产品的生产成本,企业按照产品生产工人工资为标准进行分配,本企业生产A、B两种产品,生产A产品的工人工资为35 720元,生产B产品的工人工资为107 160元。

【要求】根据发生的经济业务,编制会计分录。

第六章 会计凭证

一、名词解释

1. 会计凭证
2. 原始凭证
3. 累计凭证
4. 汇总凭证
5. 记账凭证
6. 收款凭证
7. 付款凭证
8. 转账凭证
9. 会计凭证传递
10. 会计凭证保管

二、单项选择题

1. 仓库保管人员填制的收料单，属于企业（　　）。
   A. 外来原始凭证　　B. 自制原始凭证
   C. 汇总原始凭证　　D. 累计原始凭证
2. 会计凭证按其（　　）的不同，分为原始凭证和记账凭证。
   A. 填制的程序和用途　　B. 填制的手续
   C. 来源　　D. 记账凭证
3. 下列各项中，不能作为原始凭证的是（　　）。
   A. 发票　　B. 领料单
   C. 工资结算汇总表　　D. 银行存款余额调节表
4. 原始凭证金额有错误的，应当（　　）。
   A. 在原始凭证上更正
   B. 由出具单位更正并且加盖公章
   C. 由经办人更正
   D. 由出具单位重开，不得在原始凭证上更正
5. 下列业务中，应该填制现金收款凭证的是（　　）。
   A. 出售产品一批，款未收
   B. 从银行提取现金
   C. 出售产品一批，收到一张转账支票
   D. 出售多余材料，收到现金
6. 记账凭证的填制是由（　　）完成的。
   A. 出纳人员　　B. 会计人员
   C. 经办人员　　D. 主管人员
7. 会计凭证的传递，是指（　　），在单位内部有关部门及人员之间的传递程序。
   A. 会计凭证的填制到登记账簿止
   B. 会计凭证的填制或取得时起到归档时止
   C. 会计凭证审核后到归档止

D. 会计凭证的填制或取得到汇总登记账簿止

8. 企业出售产品一批，售价 5 000 元，收到一张转账支票送存银行。这笔业务应编制的记账凭证为（　　）。

A. 收款凭证　　B. 付款凭证

C. 转账凭证　　D. 以上均可

9. 根据同一原始凭证编制几张记账凭证的，应（　　）。

A. 编制原始凭证分割单

B. 采用分数编号的方法

C. 不必做任何说明

D. 在未附原始凭证的记账凭证上注明其原始凭证附在哪张记账凭证中

10. 记账凭证应根据审核无误的（　　）编制。

A. 收款凭证　　B. 付款凭证

C. 转账凭证　　D. 原始凭证

11. 接收外单位投资的汽车一辆，应填制（　　）。

A. 收款凭证　　B. 付款凭证

C. 转账凭证　　D. 汇总凭证

12. 4 月 15 日行政管理人员王明将标明日期为 3 月 26 日的发票拿来报销，经审核后会计人员依据该发票编制记账凭证时，记账凭证的日期应为（　　）。

A. 3 月 26 日　　B. 3 月 31 日

C. 4 月 15 日　　D. 4 月 1 日

13. 下列记账凭证中，可以不依附原始凭证的是（　　）。

A. 所有收款凭证　　B. 所有付款凭证

C. 所有转账凭证　　D. 用于结账的记账凭证

14. 下列不属于原始凭证的是（　　）。

A. 发货票据　　B. 借款收据

C. 经济合同　　D. 运费结算凭证

15. 限额领料单属于（　　）。

A. 通用凭证　　B. 一次凭证

C. 累计凭证　　D. 汇总凭证

16. 下列各项中，（　　）不属于记账凭证的基本要素。

A. 交易或事项的内容摘要　　B. 交易或事项的数量、单价和金额

C. 应记会计科目、方向及金额　　D. 凭证附件

17. 下列记账凭证中，不能据以登记库存现金日记账的是（　　）。

A. 银行存款收款凭证　　B. 银行存款付款凭证

C. 现金收款凭证　　D. 现金付款凭证

18. 某企业根据一张发料凭证汇总表编制记账凭证，由于涉及项目较多，需填制两张记账凭证，则记账凭证编号为（　　）。

A. 转字第××号

B. 收字第××号

C. 转字第××1/2 号和转字第××2/2 号

D. 收字第××1/2号和收字第××2/2号

19. 记账凭证填制完毕加计合计数以后，如有空行应（　　）。

A. 空置不填　　B. 划线注销

C. 盖章注销　　D. 签字注销

20. 职工张某出差归来，报销差旅费200元，交回多余现金100元，应编制的记账凭证是（　　）。

A. 收款凭证　　B. 转账凭证

C. 收款凭证和转账凭证　　D. 收款凭证和付款凭证

21. 对于“企业赊购一批原材料，已验收入库”的经济业务，应当编制（　　）。

A. 收款凭证　　B. 付款凭证

C. 转账凭证　　D. 付款凭证或转账凭证

22. 下列原始凭证中，属于外来原始凭证的是（　　）。

A. 入库单　　B. 收到的收款收据

C. 工资结算表　　D. 差旅费报销单

23. 对于一些经常重复发生的经济业务，可以根据同类原始凭证编制（　　）。

A. 记账凭证　　B. 汇总凭证

C. 一次凭证　　D. 外来原始凭证

24. 下列不属于原始凭证审核内容的是（　　）。

A. 凭证是否有填制单位的公章和填制人员签章

B. 凭证是否符合规定的审核程序

C. 凭证是否符合有关计划和预算

D. 会计科目使用是否正确

25. 除了结账和更正错账以外，填制记账凭证的依据只能是（　　）。

A. 原始凭证　　B. 会计账簿

C. 审核无误的原始凭证　　D. 财务报表

26. 会计核算工作的起点是（　　）。

A. 登记账簿　　B. 成本计算

C. 填制和审核凭证　　D. 编制财务报表

27. 一般情况下，（　　）是登记账簿的直接依据。

A. 会计凭证　　B. 原始凭证

C. 记账凭证　　D. 汇总凭证

28. 下列必须由会计人员完成的是（　　）。

A. 记账凭证的填制　　B. 原始凭证的填制

C. 销售合同的签订　　D. 生产计划的批准

29. 发现尚未入账的记账凭证填制错误，应当（　　）。

A. 采用划线更正法

B. 重新填制一张正确的记账凭证

C. 先填制一张与原错误凭证相同的红字凭证，再填制一张正确的蓝字凭证

D. 填制一张科目相同的红字凭证冲减错误金额

30. 记账凭证上的“附件　张”是所附（　　）的张数。

A. 原始凭证　　B. 会计凭证
C. 会计账簿　　D. 记账凭证

三、多项选择题

1. 会计凭证按其填制的程序和用途的不同，可分为（　　）。
A. 原始凭证　　B. 记账凭证
C. 一次凭证　　D. 累计凭证
E. 专用凭证
2. 专用记账凭证按其所记录的经济业务内容的不同，可分为（　　）。
A. 一次凭证　　B. 付款凭证
C. 收款凭证　　D. 转账凭证
E. 通用凭证
3. 收料单是（　　）。
A. 外来原始凭证　　B. 自制原始凭证
C. 一次凭证　　D. 累计凭证
E. 会计凭证
4. 限额领料单是（　　）。
A. 外来原始凭证　　B. 自制原始凭证
C. 一次凭证　　D. 累计凭证
E. 记账凭证
5. 原始凭证应包含的基本内容有（　　）。
A. 原始凭证的名称和填制日期　　B. 接受凭证单位名称
C. 经济业务的内容　　D. 数量、单价和大小写金额
E. 会计分录
6. 收款凭证中“借方科目”可能涉及的账户有（　　）。
A. 库存现金　　B. 银行存款
C. 应付账款　　D. 应收账款
E. 主营业务收入
7. 记账凭证必须包含的基本内容有（　　）。
A. 记账凭证的名称　　B. 填制日期和编号
C. 经济业务的简要说明　　D. 会计分录
E. 附件张数
8. 下列经济业务中，应填制转账凭证的是（　　）。
A. 国家以厂房对企业投资　　B. 外商以货币资金对企业投资
C. 购买材料未付款　　D. 销售商品收到商业汇票一张
E. 以转账支票支付货款
9. 下列经济业务中，应填制付款凭证的是（　　）。
A. 提现金备用　　B. 购买材料预付订金
C. 购买材料未付款　　D. 以存款支付前欠某单位账款
E. 以转账支票支付货款

10. 下列各单据中，经审核无误后可以作为编制记账凭证依据的是（　　）。

A. 工资计算单　　B. 运费发票

C. 银行转来的进账单　　D. 银行转来的对账单

E. 销售合同

11. 下列说法正确的是（　　）。

A. 原始凭证必须记录真实，内容完整

B. 一般原始凭证出现错误，必须按规定办法更正

C. 有关库存现金和银行存款的收支凭证，如果填写错误，必须作废

D. 购买实物的原始凭证，必须有验收证明

E. 原始凭证必须经过审核无误后才能编制记账凭证

12. 原始凭证按其填列的方法不同，可分为（　　）。

A. 一次凭证

B. 累计凭证

C. 原始凭证汇总表（汇总原始凭证）

D. 收款凭证

E. 自制凭证

13. 原始凭证的填制要求包括（　　）。

A. 记录真实　　B. 内容完整

C. 填制及时　　D. 书写清楚

E. 编号连续

14. 记账凭证按其填列方式不同，可分为（　　）。

A. 付款凭证　　B. 复式凭证

C. 收款凭证　　D. 单式凭证

E. 转账凭证

15. 应在现金收、付款记账凭证上签字的有（　　）等。

A. 制单人员　　B. 登账人员

C. 审核人员　　D. 会计主管

E. 业务人员

16. 对原始凭证审核的内容包括（　　）。

A. 审核真实性　　B. 审核合理性

C. 审核合法性　　D. 审核完整性

E. 审核正确性

17. 下列属于外来原始凭证的有（　　）。

A. 购货发票　　B. 出差人员车船票

C. 银行结算凭证　　D. 领料单

E. 银行对账单

18. 下列记账凭证中可以不附原始凭证的有（　　）。

A. 收款凭证　　B. 付款凭证

C. 结账的记账凭证　　D. 更正错账的记账凭证

E. 两个以上单位共同负担一张原始凭证所列支出时

19. 下列证明文件中，属于原始凭证的有（　　）。

A. 银行收款通知单　　B. 限额领料单

C. 入库单　　D. 购货发票

E. 银行存款余额调节表

20. 记账凭证主要作用在于（　　）。

A. 记录经济业务　　B. 明确经济责任

C. 确定会计分录　　D. 作为登账依据

E. 作为编表依据

四、不定项选择题

1. 下列属于原始凭证的有（　　）。

A. 制造费用分配表　　B. 工资分配表

C. 银行收款通知单　　D. 银行对账单

E. 收料单

2. 记账凭证是由（　　）编制的。

A. 出纳人员　　B. 经办人员　　C. 会计人员　　D. 经办单位

3. 对于“企业赊购一批材料，已经验收入库”的经济业务，应当编制（　　）。

A. 收款凭证　　B. 付款凭证

C. 转账凭证　　D. 付款凭证或转账凭证

E. 收款凭证或转账凭证

4. 在实际工作中，是通过（　　）来确定会计分录的。

A. 编制原始凭证　　B. 编制记账凭证

C. 设置账簿　　D. 设置会计科目

5. 填制记账凭证时，要求有关人员逐一签章的目的是为了（　　）。

A. 明确经济责任　　B. 手续齐全

C. 表明凭证的传递程序　　D. 互相制约

6. 下列表述中正确的有（　　）。

A. 会计凭证发生错误必须重填

B. 记账凭证必须附有原始凭证

C. 某业务涉及几张记账凭证的采用分数编号法

D. 复印件可以代替原始凭证

7. 下列表述正确的有（　　）。

A. 收款凭证的借方科目只能是库存现金或银行存款等货币资金

B. 付款凭证的贷方科目只能是库存现金或银行存款等货币资金

C. 收、付款凭证是出纳人员收付款的依据

D. 转账凭证只涉及转账业务，不涉及收付款业务

8. 在合理组织会计凭证传递时，主要应考虑（　　）。

A. 确定传递人员　　B. 确定传递路线

C. 确定传递时间　　D. 确定传递日期

9. 在填制记账凭证时，下列做法中错误的有（　　）。

A. 将不同类型业务的原始凭证合并编制一份记账凭证

B. 一个月内的记账凭证连续编号

C. 从银行提取库存现金时只填制库存现金收款凭证

D. 更正错账的记账凭证可以不附原始凭证

10. 发现尚未入账的错误记账凭证，应当（　　）。

A. 采用划线更正法更正

B. 重新填制一张正确的记账凭证

C. 先填制一张与原错误凭证相同的红字凭证，再填制一张正确的蓝字凭证

D. 填制一张科目相同的红字凭证冲销错误金额

五、判断题（对的打"√"，错的打"×"）

1. 记账凭证可以根据若干张原始凭证汇总编制。（　　）

2. 记账人员根据记账凭证记账后，在记账符号栏内作"√"记号，表示该笔金额已记入有关账户，以免漏记或重记。（　　）

3. 外来凭证一般都是一次凭证。（　　）

4. 凡是库存现金或银行存款增加的经济业务必须填制收款凭证。（　　）

5. 在审核原始凭证时，发现有伪造、涂改或不合法的原始凭证，应退回经办人员更改后再受理。（　　）

6. 任何会计凭证都必须经过有关人员的严格审核，确认无误后，才能作为记账的依据。（　　）

7. 原始凭证必须按规定的格式和内容逐项填写齐全，同时必须由经办业务的部门和人员签字盖章。（　　）

8. 会计部门应于记账之后，定期对各种会计凭证进行分类整理，并将各种记账凭证按编号顺序排列，连同所附的原始凭证一起加具封面，装订成册。（　　）

9. 原始凭证金额有错误的，应当由出具单位重开或更正，更正处应当加盖出具单位印章。（　　）

10. 原始凭证可以由非财会部门和人员填制，但记账凭证只能由财会部门和人员填制。（　　）

11. 会计档案保管期满后，可由档案管理部门自行销毁。（　　）

12. 记账凭证可以作为登记账簿的直接依据，原始凭证则不能作为登记账簿的直接依据。（　　）

13. 对于数量过多的原始凭证，可以单独装订保管，但应在记账凭证上注明"附件另订"。（　　）

14. 填制和审核会计凭证是一种会计核算的专门方法。（　　）

15. 原始凭证的各项内容均不能涂改。（　　）

16. 从外部取得的原始凭证，必须盖有填制单位的公章；从个人取得的原始凭证，不需签名盖章。（　　）

17. 开出转账支票支付货款，应编制转账凭证。（　　）

18. 发票、购货合同、收据等都是原始凭证。（　　）

19. 会计凭证的传递是指从原始凭证的填制或取得起，到会计凭证归档保管止，在财会部门内部按规定的路线进行传递和处理的程序。（　）

20. 限额领料单是一次开设、多次使用的累计原始凭证，属于外来凭证。（　）

六、简答题

1. 简述会计凭证的意义。
2. 原始凭证与记账凭证有何区别?
3. 原始凭证的基本内容有哪些?
4. 原始凭证的审核包括哪些方面?
5. 原始凭证的填制应符合哪些要求?
6. 记账凭证的基本内容有哪些?
7. 记账凭证的审核包括哪些内容?

七、业务计算题

【资料】某企业 202×年 1 月发生的部分经济业务如下

（1）1 月 3 日，购进 A 材料一批 400 000 元，进项税额 52 000 元，材料已验收入库，款项用银行存款支付。

（2）1 月 10 日，李明出差借支差旅费 2 000 元，以库存现金支付。

（3）1 月 15 日，销售产品一批，售价 50 000 元，销项税额 6 500 元，款项已收存银行。

（4）1 月 16 日，用库存现金购进办公用品 800 元，其中车间使用 300 元，厂部行政管理部门用 500 元。

（5）1 月 16 日，李明出差返回，报销差旅费 1 800 元，余款交回。

（6）1 月 18 日，发出 A 材料 8 000 元，其中生产甲产品领用 4 000 元，乙产品领用 3 400 元，车间一般耗用 600 元。

（7）1 月 20 日，收回长江公司所欠账款 120 000 元，存入银行。

（8）1 月 31 日，结转已售产品成本 30 000 元。

【要求】根据以上经济业务编制收、付、转凭证。

第七章 会计账簿

一、名词解释

1. 会计账簿
2. 序时账簿
3. 分类账簿
4. 备查账簿
5. 订本式账簿
6. 活页式账簿
7. 卡片式账簿
8. 普通日记账
9. 特种日记账
10. 对账
11. 结账
12. 划线更正法
13. 红字更正法
14. 补充登记法

二、单项选择题

1. 总分类账及特种日记账按外表形式应该采用（　　）账簿。

A. 活页式　　B. 卡片式

C. 订本式　　D. 备查式

2. 应收票据登记簿按用途分类属于（　　）。

A. 分类账簿　　B. 普通日记账

C. 备查账簿　　D. 特种日记账

3. 下列账簿中，可采用卡片式账簿的是（　　）。

A. 原材料明细账　　B. 库存商品明细账

C. 租入固定资产登记簿　　D. 固定资产明细账

4. 企业在记录财务费用时，通常所采用的明细账账页格式是（　　）。

A. 多栏式账页　　B. 借方多栏式账页

C. 贷方多栏式账页　　D. 三栏式账页

5. 下列应该使用数量金额式账页的是（　　）。

A. 原材料明细账　　B. 生产成本明细账

C. 应收账款明细账　　D. 固定资产明细账

6. 会计账簿按（　　）的不同可以分为两栏式账簿、三栏式账簿、多栏式账簿及数量金额式账簿。

A. 用途　　B. 作用

C. 账页格式　　D. 外形特征

7. 若填制记账凭证无错，但根据其登记账簿时，误将 10 000 元记为1 000元，则采用的更正方法是（　　）。

A. 划线更正法　　B. 红字更正法

C. 补充登记法　　D. 更换账页法

8. 会计人员在记账以后，发现所依据的记账凭证中的应借、应贷会计科目有错误，而且记账凭证中所列金额小于应记金额，该会计人员应采用的错账更正方法是（　　）。

A. 划线更正法　　B. 红字更正法

C. 补充登记法　　D. 更换账页法

9. 下列做法中，不符合记账规则的是（　　）。

A. 登账后在记账凭证中作记账符号"√"

B. 记账时发生跳行，在该空行处划线注销

C. 在每一账页的最后一行及下一页的第一行都要办理转页手续

D. 使用圆珠笔记账

10. 下列符合登记会计账簿一般原则的是（　　）。

A. 文字和数字的书写应占据格距的2/3

B. 可以使用圆珠笔书写

C. 应该连续登记，不得隔页、跳行

D. 期末无余额的账户，应在"借或贷"栏内写"0"字

11. 从银行提取现金业务，登记现金日记账的依据是（　　）。

A. 现金收款凭证　　B. 现金付款凭证

C. 银行存款收款凭证　　D. 银行存款付款凭证

12. 将现金存入银行业务，登记银行存款日记账的依据是（　　）。

A. 现金收款凭证　　B. 现金付款凭证

C. 银行存款收款凭证　　D. 银行存款付款凭证

13. 制造费用明细账一般采用的账页格式是（　　）。

A. 三栏式账页　　B. 借方多栏式账页

C. 贷方多栏式账页　　D. 借贷方均多栏式账页

14. 管理费用明细账一般采用的账页格式是（　　）。

A. 三栏式账页　　B. 借方多栏式账页

C. 贷方多栏式账页　　D. 借贷方均多栏式账页

15. 生产成本明细账一般采用的账页格式是（　　）。

A. 三栏式账页　　B. 借方多栏式账页

C. 贷方多栏式账页　　D. 借贷方均多栏式账页

16. 主营业务收入明细账一般采用的账页格式是（　　）。

A. 三栏式账页　　B. 借方多栏式账页

C. 贷方多栏式账页　　D. 借贷方均多栏式账页

17. 应交税费——应交增值税明细账一般采用的账页格式是（　　）。

A. 三栏式账页　　B. 借方多栏式账页

C. 贷方多栏式账页　　D. 借贷方均多栏式账页

18. 本年利润明细账一般采用的账页格式是（　　）。

A. 三栏式账页　　B. 借方多栏式账页

C. 贷方多栏式账页　　D. 借贷方均多栏式账页

19. 下列不可以作为登记总账的依据是（　　）。

A. 记账凭证　　B. 汇总记账凭证

C. 原始凭证　　D. 科目汇总表

20. 一般而言，无需根据记账凭证登记的账簿是（　　）。

A. 总分类账　　B. 明细分类账

C. 备查账　　D. 库存现金日记账

三、多项选择题

1. 以下账簿需要在每年年初更换新账的是（　　）。

A. 库存现金日记账　　B. 辅助账

C. 总分类账　　D. 银行存款日记账

E. 固定资产卡片账

2. 会计账簿按用途不同，可以分为（　　）。

A. 活页式账簿　　B. 卡片式账簿

C. 序时账　　D. 分类账

E. 备查账

3. 下列账簿中，可采用活页式账簿的是（　　）。

A. 原材料明细账　　B. 库存商品明细账

C. 银行存款日记账　　D. 固定资产明细账

E. 应收账款明细账

4. 下列属于特种日记账的是（　　）。

A. 库存现金日记账　　B. 购货日记账

C. 银行存款日记账　　D. 分录簿

E. 销货日记账

5. 下列应该使用多栏式账页的是（　　）。

A. 原材料明细账　　B. 生产成本明细账

C. 制造费用明细账　　D. 本年利润明细账

E. 应收票据备查账

6. 明细分类账可以根据（　　）登记。

A. 原始凭证　　B. 汇总原始凭证

C. 经济合同　　D. 汇总记账凭证

E. 记账凭证

7. 对账的主要内容一般包括（　　）。

A. 账证核对　　B. 账账核对

C. 账实核对　　D. 账表核对

E. 证表核对

8. 下列属于账实核对的是（　　）。

A. 库存现金日记账余额与库存现金实有数额核对

B. 银行存款日记账余额与银行对账单余额核对

C. 各项财产物资明细账余额与财产物资实有数核对

D. 有关债权债务明细账余额与对方单位账面记录核对

E. 会计账簿记录与原始凭证的核对

9. 下列属于账账核对的是（　　）。
A. 所有总账账户借方发生额合计与所有贷方发生额合计核对
B. 所有总账账户借方余额合计与所有贷方余额合计核对
C. 某一总账账户余额与其所属明细账余额合计核对
D. 库存现金日记账的余额与库存现金总账余额核对
E. 会计部门有关财产物资明细账余额与财产物资保管部门有关明细账余额核对

10. 下列可以使用红色墨水记账的是（　　）。
A. 在只设借方栏的多栏式账页中，登记减少数
B. 在只设贷方栏的多栏式账页中，登记减少数
C. 在三栏式账页的余额栏前，如未印明余额方向的，在余额栏内登记负数余额
D. 按照红字更正法更正错账和冲销错误的账簿记录
E. 根据国家统一会计制度的规定可以使用红字登记的其他会计记录

11. 账簿按外表形式的不同，可分为（　　）。
A. 订本式账簿　　B. 活页式账簿
C. 卡片式账簿　　D. 备查账
E. 联合账簿

12. 下列账簿采用订本式账簿的有（　　）。
A. 库存现金日记账　　B. 银行存款日记账
C. 总分类账　　D. 备查账
E. 固定资产明细账

13. 企业明细账账页的格式可以有（　　）。
A. 三栏式　　B. 借方多栏式
C. 贷方多栏式　　D. 借贷方多栏式
E. 数量金额式

14. 下列明细账中采用三栏式的有（　　）。
A. 应收账款明细账　　B. 实收资本明细账
C. 应付账款明细账　　D. 本年利润明细账
E. 生产成本明细账

15. 下列明细账中采用多栏式的有（　　）。
A. 应收账款明细账　　B. 实收资本明细账
C. 应付账款明细账　　D. 本年利润明细账
E. 生产成本明细账

16. 登记总分类账的依据可以是（　　）。
A. 记账凭证　　B. 原始凭证
C. 汇总记账凭证　　D. 汇总原始凭证
E. 科目汇总表

17. 登记明细账的依据可以是（　　）。
A. 记账凭证　　B. 原始凭证
C. 汇总记账凭证　　D. 汇总原始凭证
E. 科目汇总表

18. 下列错账中，应该运用错账更正法更正的是（　　）。
A. 记账凭证错了，并已据此登账
B. 记账凭证错了，但还未登账
C. 记账凭证没错，登账出错
D. 记账凭证中科目没错，但借贷方发生额均多记相等金额并已登账
E. 记账凭证中科目没错，但借贷方发生额均少记相等金额并已登账
19. 下列错账中，应该运用红字更正法更正的是（　　）。
A. 记账凭证科目错了，并已据此登账
B. 记账凭证科目错了，但还未登账
C. 记账凭证没错，登账出错
D. 记账凭证中科目没错，但借贷方发生额均多记相等金额并已登账
E. 记账凭证中科目没错，但借贷方发生额均少记相等金额并已登账
20. 下列错账中，应该运用划线更正法更正的是（　　）。
A. 记账凭证错了，并已据此登账
B. 记账凭证错了，但还未登账
C. 记账凭证没错，登账时文字出错
D. 记账凭证没错，登账时数字出错
E. 记账凭证中科目没错，但借贷方发生额均少记相等金额并已登账

四、不定项选择题

1. 账簿分为序时账簿、分类账簿、备查账簿，其划分的依据是（　　）。
A. 账页的格式　　B. 账簿的外表形式
C. 账簿的用途　　D. 账簿的启用时间
2. 对三栏式库存现金日记账和银行存款日记账，下列处理不正确的是（　　）。
A. 均由出纳员负责登记　　B. 逐日逐笔顺序登记
C. 每日结出余额以便进行核对　　D. 根据收付款业务的原始凭证登记
3. 会计账簿在会计核算中处于重要地位，登记会计账簿是会计核算的（　　）。
A. 首要环节　　B. 最终环节
C. 基础环节　　D. 中间环节
4. 在实际工作中，由于各种会计账簿所记录的经济业务不同，账簿的格式也多种多样；但各种账簿都应具备（　　）基本内容。
A. 封面　　B. 账夹　　C. 扉页　　D. 账页
5. 账账核对包括（　　）核对是否相等。
A. 所有总账的借方发生额合计贷方发生额合计
B. 总账金额与所属明细账余额合计
C. 现金日记账和银行存款日记账余额与其总账金额
D. 银行存款日记账和银行对账单
6. 按照规定，不能用红色墨水记账的情况是（　　）。
A. 按照红字更正法冲销错误记录
B. 在三栏式账页的余额栏前，如未印明余额方向的，在余额栏内登记负数余额

C. 在借方多栏式明细账页中，登记增加数

D. 根据国家统一会计制度的规定可以用红字登记的其他会计账簿

7. 下列账户中，应该采用多栏式账页的有（　　）。

A. “库存现金”账户　　B. “应付账款”账户

C. “管理费用”账户　　D. “生产成本”账户

E. “应收账款”账户

8. 年度终了结账时，有余额的账户要将其余额结转至下年。下列操作不正确的有（　　）。

A. 不需要编制记账凭证，但需将该年账户的余额反向结平才能结转至下年

B. 需编制记账凭证，并将上年账户的余额反向结平

C. 不需要编制记账凭证，直接在摘要栏内注明“结转下年”即可

D. 需编制记账凭证予以结平，但不需要将上年账户的余额反向结平

9. 借方多栏式的账页格式适用于（　　）明细账的登记。

A. 管理费用　　B. 主营业务收入

C. 生产成本　　D. 销售费用

E. 应付账款

10. 会计账簿应按顺序逐行逐页登记，在记录到每一账页的最后一行时，下列操作不正确的是（　　）。

A. 只计算本页的发生额合计

B. 只计算本页的余额

C. 计算本页的发生额合计和余额，同时在摘要栏注明“转次页”字样

D. 不计算本页的发生额合计和余额，但应在摘要栏注明“转次页”字样

五、判断题（对的打“✓”，错的打“×”）

1. 企业的序时账簿和分类账簿必须采用订本式账簿。（　　）

2. 登记账簿时发生的空行、空页一定要补充书写。（　　）

3. 总分类账簿应该采用订本式账簿，且账页格式根据需要可采用三栏式、多栏式或数量金额式。（　　）

4. 年终更换新账时，新旧账簿有关账户之间的转记金额，应该编制相应的记账凭证。（　　）

5. 明细分类账除了采用货币单位进行登记外，有的还需要用实物计量单位进行登记。（　　）

6. 记账人员根据记账凭证记账后，在“记账符号”栏内做“√”符号，表示该笔金额已记入有关账户，以免漏记或重记。（　　）

7. 会计核算中，红笔一般在划线、冲账和表示负数金额时使用。（　　）

8. 登记账簿时，不得写满格，文字或数字一般只占格距的1/2。（　　）

9. 账簿只是一个外在形式，账户才是它的真实内容；账簿与账户的关系是形式和内容的关系。（　　）

10. 除结账和更正错账外，一律不得用红色墨水登记账簿。（　　）

六、简答题

1. 简述会计账簿的意义。
2. 简要说明会计账簿按其外表形式划分的类别。
3. 简述会计账簿的设置原则。
4. 简单说明记账过程中允许使用红笔的情况。
5. 简述对账工作的主要内容。
6. 简述错账更正的方法及其适用性。

七、业务计算题

练习一

【资料】某企业202×年5月31日银行存款日记账的余额为30 000元，库存现金日记账的余额为800元。

6月1日发生和库存现金及银行存款有关的业务如下（为方便起见，每笔业务之后已注明凭证字号）：

（1）向银行借入6个月期借款10万元，利率12%，到期还本付息。（银收601）

（2）开出现金支票到银行提取现金1 200元。（银付601）

（3）采购员丁某出差预借差旅费1 000元。（现付601）

（4）收到职工王某损坏公物赔款150元现金。（现收601）

（5）开出转账支票购买原材料，取得增值税专用发票，买价10 000元，增值税额1 300元，材料已入库。（银付602）

（6）销售货物，并为对方企业开出增值税专用发票，其中售价100 000元，增值税额13 000元，同时收到对方转账支票一张。（银收602）

（7）用现金300元购买办公用品，取得增值税普通发票。（现付602）

（8）收到零星销售款1 130元。（现收602）

（9）将多余款1 020元存入银行。（现付603）

【要求】根据专用记账凭证登记日记账，并进行结账工作。

库存现金日记账

202×年		凭证		摘要	对方科目	借方	贷方	余额
月	日	种类	编号					

银行存款日记账

202×年		凭证		摘要	对方科目	借方	贷方	余额
月	日	种类	编号					

练习二

【资料】某企业于1月末结账前将账簿记录与记账凭证进行核对时，发现下列经济业务的账簿记录有误：

（1）以库存现金200元支付企业管理部门日常零星开支。原记账凭证的会计分录为：

借：财务费用　　200

　　贷：库存现金　　200

（2）签发转账支票3 000元预付本季度报刊费。原记账凭证的会计分录为：

借：管理费用　　3 000

　　贷：银行存款　　3 000

（3）结转本月实际完工产品的生产成本96 000元。原记账凭证的会计分录为：

借：库存商品　　69 000

　　贷：生产成本　　69 000

（4）收到购货单位偿还上月所欠货款8 900元。原记账凭证的会计分录为：

借：银行存款　　9 800

　　贷：应收账款　　9 800

（5）计提本月份企业办公大楼折旧费4 100元。原记账凭证的会计分录为：

借：管理费用　　4 100

　　贷：累计折旧　　4 100

（6）结算本月份应付职工工资，其中生产工人工资为14 000元，厂部管理人员工资3 400元。原记账凭证的会计分录为：

借：生产成本　　14 000

　　管理费用　　3 400

　　贷：应付职工薪酬　　17 400

登记该转账凭证时，“管理费用”借方金额误记为4 300元。

（7）结转本月产品销售收入1 480 000元。原记账凭证的会计分录为：

借：本年利润　　1 480 000

贷：主营业务收入　　1 480 000

（8）开出转账支票支付所欠供货单位货款 7 600 元。原记账凭证的会计分录为：

借：应付账款　　7 600

贷：应付票据　　7 600

（9）以现金支付采购人员预借的差旅费 2 000 元。原记账凭证的会计分录为：

借：管理费用　　2 000

贷：库存现金　　2 000

（10）采购人员出差回来报销差旅费 1 900 元，交回现金 100 元。原记账凭证的会计分录为：

借：管理费用　　1 900

库存现金　　100

贷：其他应收款　　2 000

【要求】判断每一笔业务的会计分录是否有错。若有错，请说明适用的错账更正方法，并改正之。

第八章 财产清查

一、名词解释

1. 财产清查
2. 全面清查
3. 局部清查
4. 定期清查
5. 不定期清查
6. 永续盘存制
7. 盘存单
8. 未达账项

二、单项选择题

1. 财产盘存制度包括（　　）。
   A. 权责发生制　B. 收付实现制
   C. 永续盘存制、实地盘存制　D. 应计制
2. 财产清查的目的是达到（　　）。
   A. 账账相符　B. 账证相符
   C. 账实相符　D. 账表相符
3. 财产物资的盘盈是指（　　）。
   A. 账存数大于实存数　B. 实存数大于账存数
   C. 由于记账出错多记的金额　D. 由于记账出错少记的金额
4. 出纳员每日业务终了对现金进行清点属于（　　）。
   A. 局部清查和不定期清查　B. 全面清查和定期清查
   C. 局部清查和定期清查　D. 全面清查和不定期清查
5. 企业银行存款日记账与银行对账单的核对，属于（　　）。
   A. 账实核对　B. 账证核对
   C. 账账核对　D. 账表核对
6. 在记账无误的情况下，银行对账单与企业银行存款日记账账面余额不一致是（　　）。
   A. 应付账款造成的　B. 由于未达账项造成的
   C. 由于坏账损失造成的　D. 应收账款造成的
7. 产生未达账项的原因是（　　）。
   A. 双方结账时间不一致　B. 双方记账时间不一致
   C. 双方对账时间不一致　D. 双方记账金额不一致
8. 采用实地盘存制，平时对财产物资（　　）。
   A. 只登记收入数，不登记发出数
   B. 只登记发出数，不登记收入数
   C. 先登记收入数，后登记发出数
   D. 先登记发出数，后登记收入数

9. 技术推算盘点法通常用于（　　）的盘点。

A. 固定资产　　B. 流动资产

C. 库存现金　　D. 量大成堆，难以逐一清点的材料

10. 企业银行账与其开户银行进行核对时，要编制“银行存款余额调节表”，假如在双方记账都不发生错误的前提下，调整后的存款余额（　　）。

A. 应该不等　　B. 应该相等

C. 应该企业小于银行　　D. 应该企业大于银行

11. “账存实存对比表”是财产清查的（　　）。

A. 记账凭证　　B. 账簿

C. 原始凭证　　D. 汇总记账凭证

12. 财产清查按对象和范围不同，可分为（　　）。

A. 定期清查和不定期清查　　B. 全面清查和局部清查

C. 永续盘存制和实地盘存制　　D. 实地盘点法和技术推算盘点法

13. 盘存单应由（　　）同时签章方能生效。

A. 参加盘点人员和实物保管人员　　B. 参加盘点人员和出纳人员

C. 参加盘点人员和会计人员　　D. 参加盘点人员和财产清查人员

14. 现金清查应采用的方法是（　　）。

A. 实地盘存制　　B. 永续盘存制

C. 实地盘点　　D. 技术推算盘点

15. 现金盘点后，应根据盘点结果及现金日记账核对的情况，填写（　　）。

A. 盘存单　　B. 实存账存对比表

C. 财产盈亏报告单　　D. 库存现金盘点报告表

16. 银行存款的清查方法是（　　）。

A. 实地盘点　　B. 函证核对

C. 与开户行核对账目　　D. 技术推算盘点

17. 财产清查中，调整账面记录的依据是（　　）。

A. 盘存单

B. 实存账存对比表

C. 原始凭证

D. 根据“实存账存对比表”编制的记账凭证

18. 非常损失造成的流动资产盘亏，在报批后应计入（　　）。

A. 管理费用　　B. 其他应收款

C. 营业外支出　　D. 其他业务成本

19. “待处理财产损溢”账户的贷方余额表示（　　）。

A. 财产物资的盘盈数

B. 尚待批准转账的财产物资的净溢余数

C. 财产物资的盘亏数

D. 尚待批准转账的财产物资的净损失数

20. 对债权债务的清查应采用的方法是（　　）。

A. 函证核对　　B. 技术推算盘点

C. 核对账目　　D. 实地盘点

21. 对于量大成堆、难以逐一清点的财产物资，应采用的清查方法是（　　）。

A. 实地盘点法　　B. 技术推算盘点法

C. 实地盘存法　　D. 抽查检验法

22. 经银行存款余额调节表调节后的余额是（　　）。

A. 调整企业银行存款日记账的依据

B. 企业当时实际可以动用的款项

C. 调整银行账的依据

D. 公证银行存款日记账的真实余额的依据

三、多项选择题

1. 与外单位核对账目的方法适用于（　　）。

A. 现金的清查　　B. 银行存款的清查

C. 往来款项的清查　　D. 材料的清查

E. 固定资产的清查

2. 全面清查，一般应在（　　）进行。

A. 年终

B. 季末

C. 月终

D. 单位撤销、合并或改变隶属关系时

E. 一次性清产核资时

3. 不定期清查，一般在（　　）进行。

A. 年终

B. 财产保管员变动时

C. 自然灾害造成部分财产损失时

D. 部分财产霉变时

E. 企业财产被盗时

4. 定期清查的时间一般为（　　）。

A. 年末　　B. 月末

C. 季末　　D. 清产核算时

E. 单位撤销、合并时

5. 下列情况，可以进行局部清查的有（　　）。

A. 更换出纳人员时　　B. 更换仓库保管员时

C. 更换单位主要负责人时　　D. 单位撤销、合并时

E. 中外合资合营时

6. 局部清查的特点是（　　）。

A. 清查范围小　　B. 内容少

C. 涉及的人少　　D. 专业性较强

E. 清查对象流动性较大

7. 永续盘存制的优点是（　　）。

A. 操作简单

B. 便于加强会计监督

C. 工作量小

D. 便于随时掌握财产物资的动态变化情况

E. 有利于加强财产物资管理

8. 实地盘存制的缺点有（　　）。

A. 适用范围广　　B. 要求严格

C. 数字准确　　D. 清查质量高

E. 工作量小

9. 财产清查中的原始凭证有（　　）。

A. 盘存单　　B. 实存账存对比表

C. 银行存款余额调节表　　D. 现金盘点报告表

E. 银行对账单

10. “待处理财产损溢”账户贷方登记（　　）。

A. 已批准处理的财产盘亏结转数

B. 已批准处理的财产盘盈结转数

C. 发生的待处理财产盘盈数

D. 发生的待处理财产盘亏数

E. 发生的待处理财产毁损数

11. “待处理财产损溢”账户借方登记（　　）。

A. 已批准处理的财产盘亏结转数

B. 已批准处理的财产盘盈结转数

C. 发生的待处理财产盘盈数

D. 发生的待处理财产盘亏数

E. 发生的待处理财产毁损数

12. 固定资产盘亏及毁损的账务处理所涉及的账户有（　　）。

A. “待处理财产损溢”　　B. “固定资产”

C. “累计折旧”　　D. “营业外支出”

E. “营业外收入”

13. 下列财产清查资料，不能作为调整账簿记录的原始凭证有（　　）。

A. 盘存单　　B. 实存账存对比表

C. 库存现金盘点报告表　　D. 银行存款余额调节表

E. 往来款项对账单

14. 下列财产清查结果，经批准后可以列作营业外支出的有（　　）。

A. 坏账损失

B. 责任事故造成的财产物资毁损

C. 固定资产盘亏净损失

D. 自然灾害造成的流动资产损失

E. 因管理不善造成的流动资产损失

15. 银行存款日记账账面余额小于银行对账单余额的原因有（　　）。

A. 企业收款入账而银行未收款入账

B. 银行已付款入账而企业未付款入账

C. 一方或双方记账有错误

D. 企业已付款入账而银行未付款入账

E. 银行收款入账而企业未收款入账

四、不定项选择题

1. 企业财产清查后，据以填制待处理财产盘盈、盘亏记账凭证的原始凭证是（　　）。

A. 收料单　　B. 盘存单

C. 实存账存对比表　　D. 发出材料汇总表

2. 下列项目清查时应采用实地盘点法的是（　　）。

A. 应收账款　　B. 应付账款

C. 银行存款　　D. 固定资产

3. 企业实际可以动用的银行存款数额是（　　）。

A. 银行存款日记账余额　　B. 银行对账单余额

C. 调节前余额　　D. 调节后余额

4. 下列各项中不属于原始凭证的是（　　）。

A. 购货发票　　B. 购货合同

C. 银行存款余额调节表　　D. 采购计划

5. 下列业务不需要通过“待处理财产损溢”账户核算的是（　　）。

A. 库存现金丢失　　B. 原材料盘亏

C. 发现账外固定资产　　D. 固定资产盘亏

6. 造成财产物资账实不符的原因有（　　）。

A. 贪污盗窃　　B. 自然损耗或升溢

C. 管理不善　　D. 未达账项

7. 企业银行存款日记账余额与银行对账单余额不符，主要有以下几种情况（　　）。

A. 企业未入账的收入款项，银行已入账

B. 企业未入账的支出款项，银行已入账

C. 企业已入账的收入款项，银行未入账

D. 企业已入账的支出款项，银行未入账

E. 银行与企业中有一方记账有错误或双方记账均有错误

8. 财产清查中，下列各项可以作为调整账面记录的原始凭证是（　　）。

A. 库存现金盘点报告表　　B. 盘存单

C. 银行存款余额调节表　　D. 实存账存对比表

E. 银行对账单

五、判断题（对的打“√”，错的打“×”）

1. 财产清查就是对各种实物财产进行的清查盘点，不对往来款项进行清查。（　）

2. 不论采用何种盘存制度，企业资产账面上都应反映资产的增减变动及结存情况。（　）

3. 定期清查可以是全面清查也可以是局部清查。（　）

4. 对存货进行实地盘点应编制“账存实存对比表”。（　）

5. 对现金的清查，出纳人员必须在场。（　）

6. 不定期清查一定是局部清查。（　）

7. 年终决算前进行的全面清查属于定期清查。（　）

8. 企业可以以“银行存款余额调节表”作为登记账簿的依据。（　）

9. 只要账簿记录正确，就说明账簿所做的记录真实可靠，就不会造成账实不符，从而不需进行财产清查。（　）

10. 财产清查的范围是存放在本企业的各项财产物资。（　）

六、简答题

1. 什么是财产清查？财产清查的作用有哪些？
2. 简述财产清查按清查时间分类的基本内容。
3. 简述“待处理财产损溢”账户的用途和结构。
4. 简述未达账项的情况和调整方法。

七、业务计算题

练习一

【资料】某企业202×年11月30日，企业银行存款日记账余额为70 000元，银行对账单存款余额为84 000元。该企业11月3日将企业银行存款日记账记录与银行送来的对账单核对以后，发现下列各项经济业务双方的记录不一致：

（1）银行代企业付水费2 000元，企业尚未记账。

（2）银行为企业代收销货款26 000元，企业尚未记账。

（3）银行代付电费500元，企业尚未记账。

（4）企业开出现金支票预付差旅费600元，持票人尚未到银行提取现金。

（5）企业开出转账支票2 500元支付培训费，银行尚未记账。

（6）企业收转账支票12 600元，已入账，尚未将支票送存银行。

【要求】根据以上资料，编制银行存款余额调节表，并确定企业11月30日银行存款的实际结存额。

银行存款余额调节表

年　月　日　　　　　　　　　　　　　　　　单位：元

项目	金额	项目	金额
企业银行存款日记账余额 加：企业未入账的收入款项 减：企业未入账的付出款项		银行对账单存款户余额 加：银行未入账的收入款项 减：银行未入账的付出款项	
调节后的存款余额		调节后的存款余额	

练习二

【资料】

（1）某公司6月底在清点库存现金时，发现有现金溢余200元。后查明其中140元为多收天诚公司款项，另60元无法查明原因。

（2）某公司期末清点库存现金时，发现短款70元。后查明应由出纳员朱利赔40元，另30元无法查明原因。

【要求】根据以上清查情况及处理意见做会计分录。

练习三

【资料】某企业6月30日对存货和固定资产进行清查，发现有关情况如下：

（1）库存A产品账面结存数量2 000件，单位成本35元，金额70 000元；实存1 985件，盘亏15件，价值525元。经查明系保管人员工作失误所致，经批准责令其赔偿。

（2）甲材料账面结存数量250千克，每千克20元，金额5 000元，全部毁损，作为废料处理，计价100元。经查明由于自然灾害所致，其损失经批准作为非常损失处理。

（3）发现账外机器一台，估计原价8 000元，七成新。

（4）乙材料账面结存数量120吨，每吨成本100元，价值12 000元；实存118吨，盘亏2吨，价值200元。经查明属于定额内损耗，经批准作转销处理。

（5）丙材料账面结存数量300千克，每千克10元，价值3 000元；实存310千克，盘盈10千克，价值100元。经查明为收发计量差错造成的，经批准作转销处理。

【要求】根据以上资料，编制存货和固定资产清查结果审批前后的会计分录。

练习四

【资料】某企业在财产清查中发现以下问题：

（1）业务部门盘亏电脑一台，原值10 000元，已提折旧4 500元；

（2）仓库盘点库存商品，发现某批货物账面余额为134箱，实际存量为132箱，每箱进价为300元；

（3）出纳处库存现金经盘点短缺50元；

（4）上述盘点溢缺原因已经查明，报请批准，处理意见如下：

第一，盘亏电脑系搬迁中遗失，列作营业外支出；

第二，货物两箱损失系保管人员丢失，由过失人赔偿；

第三，库存现金短缺50元，应由过失人赔偿。

【要求】根据以上资料，编制有关会计分录。

第九章 账务处理程序

一、名词解释

1. 账务处理程序
2. 记账程序
3. 记账凭证账务处理程序
4. 科目汇总表账务处理程序
5. 科目汇总表
6. 汇总记账凭证账务处理程序

二、单项选择题

1. 各种账务处理程序既有相同点，又有各自的特点，其区别主要在于（　　）。
   A. 登记总账的依据和方法不同
   B. 登记日记账的依据和方法不同
   C. 登记明细账的依据和方法不同
   D. 编制财务报表的依据和方法不同
2. 下列账务处理程序中属于最基本的账务处理程序的是（　　）。
   A. 记账凭证账务处理程序
   B. 日记总账账务处理程序
   C. 汇总记账凭证账务处理程序
   D. 科目汇总表账务处理程序
3. 记账凭证账务处理程序的特点是（　　）。
   A. 根据记账凭证逐笔登记总账
   B. 根据记账凭证汇总登记总账
   C. 根据科目汇总表汇总登记总账
   D. 根据汇总记账凭证汇总登记总账
4. 科目汇总表账务处理程序的特点是（　　）。
   A. 根据记账凭证逐笔登记总账
   B. 根据记账凭证汇总登记总账
   C. 根据科目汇总表汇总登记总账
   D. 根据汇总记账凭证汇总登记总账
5. 汇总记账凭证账务处理程序的特点是（　　）。
   A. 根据记账凭证逐笔登记总账
   B. 根据记账凭证汇总登记总账
   C. 根据科目汇总表汇总登记总账
   D. 根据汇总记账凭证汇总登记总账
6. 记账凭证账务处理程序一般适用于（　　）。
   A. 规模较小、经济业务量较少的企业
   B. 规模大、经济业务量较多的企业

C. 规模不大、经济业务量较多的企业

D. 规模小、经济业务量较多的企业

7. 科目汇总表账务处理程序的主要缺点是（　　）。

A. 不能进行试算平衡

B. 能够进行试算平衡

C. 不能反映账户之间的对应关系

D. 能够反映账户之间的对应关系

8. 既可以减少登记总账的工作量，又可以反映账户之间对应关系的账务处理程序是（　　）。

A. 记账凭证账务处理程序　　B. 日记总账账务处理程序

C. 汇总记账凭证账务处理程序　　D. 科目汇总表账务处理程序

9. 规模小、业务简单的企业可以采用的账务处理程序是（　　）。

A. 记账凭证账务处理程序　　B. 日记总账账务处理程序

C. 汇总记账凭证账务处理程序　　D. 科目汇总表账务处理程序

10. 汇总记账凭证账务处理程序的主要优点是（　　）。

A. 能够减少填制记账凭证的工作量

B. 能够进行试算平衡

C. 能够把分类核算和序时核算结合起来

D. 能够反映账户之间的对应关系

11. 科目汇总表的汇总范围是（　　）。

A. 全部科目的借方余额　　B. 全部科目的贷方余额

C. 全部科目的借、贷方发生额　　D. 部分科目的借、贷方发生额

12. 汇总收款凭证是根据（　　）汇总编制而成的。

A. 原始凭证　　B. 记账凭证

C. 收款凭证　　D. 转账凭证

13. 汇总付款凭证是根据（　　）汇总编制而成的。

A. 原始凭证　　B. 记账凭证

C. 转账凭证　　D. 付款凭证

14. 汇总记账凭证账务处理程序适用于（　　）。

A. 规模较小、经济业务较多的企业

B. 规模较大、经济业务较多的企业

C. 规模较大、经济业务不多的企业

D. 规模较小、经济业务不多的企业

15. 科目汇总表账务处理程序适用于（　　）。

A. 业务量较多的单位

B. 业务量较少的单位

C. 业务量少、运用会计科目少的单位

D. 运用电子计算机核算的单位

16. 关于汇总记账凭证账务处理程序，下列说法错误的是（　　）。

A. 根据记账凭证定期编制汇总记账凭证

B. 根据原始凭证或汇总原始凭证登记总账

C. 根据汇总记账凭证登记总账

D. 汇总转账凭证应当按照每一账户的贷方设置，并按其对应的借方科目归类汇总

17. 为便于科目汇总表的编制，平时填制记账凭证时，应尽可能使账户的对应关系保持（　　）。

A. 一借一贷　　B. 一借多贷

C. 一贷多借　　D. 多借多贷

18. 为了便于填制汇总转账凭证，平时填制转账凭证时，应尽可能使账户的对应关系保持（　　）。

A. “一借一贷”或“一贷多借”　　B. “一借一贷”或“一借多贷”

C. “一贷多借”或“多借多贷”　　D. “一借多贷”或“多借多贷”

19. 关于汇总记账凭证账务处理程序，下列说法正确的有（　　）。

A. 汇总付款凭证按库存现金、银行存款账户的借方设置，并按其对应的贷方账户归类汇总

B. 汇总收款凭证按库存现金、银行存款账户的贷方设置，并按其对应的借方账户归类汇总

C. 能反映账户之间的对应关系

D. 能起到试算平衡的作用

20. 汇总记账凭证账务处理程序与科目汇总表账务处理程序的相同点是（　　）。

A. 登记总账的依据相同　　B. 记账凭证的汇总方法相同

C. 保持了账户之间的对应关系　　D. 减少了登记总账的工作量

三、多项选择题

1. 常用的账务处理程序主要有（　　）。

A. 记账凭证账务处理程序　　B. 原始凭证账务处理程序

C. 汇总记账凭证账务处理程序　　D. 科目汇总表账务处理程序

E. 日记总账账务处理程序

2. 登记总账的依据可以是（　　）。

A. 记账凭证　　B. 原始凭证

C. 汇总记账凭证　　D. 科目汇总表

E. 原始凭证汇总表

3. 在各种账务处理程序下登记明细账的依据可以是（　　）。

A. 记账凭证　　B. 原始凭证

C. 汇总原始凭证　　D. 汇总记账凭证

E. 据具体的账务处理程序而定

4. 科目汇总表的作用有（　　）。

A. 可以进行总账登记前的试算平衡

B. 可以减少登记总账的工作量

C. 可以减少登记明细账的工作量

D. 可以反映经济业务的来龙去脉

E. 可以反映账户之间的对应关系

5. 汇总记账凭证又可以分为（　　）。

A. 汇总收款凭证　　B. 汇总付款凭证

C. 汇总转账凭证　　D. 汇总原始凭证

E. 汇总会计凭证

6. 以记账凭证为依据，按有关贷方科目设置，以与其对应的借方科目进行归类汇总的汇总记账凭证有（　　）。

A. 汇总收款凭证　　B. 汇总付款凭证

C. 汇总转账凭证　　D. 汇总原始凭证

E. 科目汇总表

7. 各种账务处理程序的主要不同点是（　　）。

A. 登记总账的依据不同　　B. 登记总账的方法不同

C. 登记明细账的依据不同　　D. 登记日记账的依据不同

E. 编制财务报表的依据不同

8. 下列关于汇总记账凭证与科目汇总表说法正确的是（　　）。

A. 汇总凭证的格式不同　　B. 汇总凭证的编制方法不同

C. 都可以作为登记总账的依据　　D. 都可以作为登记明细账的依据

E. 都可以作为编制财务报表的依据

9. 记账凭证账务处理程序的优点是（　　）。

A. 简单明了　　B. 易于理解

C. 减少登记总账的工作量　　D. 适用的范围广

E. 便于核对账目

10. 科目汇总表账务处理程序与汇总记账凭证账务处理程序的共同点是（　　）。

A. 登记总账的依据相同　　B. 登记明细账的依据相同

C. 减少登记总账的工作量　　D. 记账凭证都需要汇总

E. 都能反映账户之间的对应关系

11. 采用汇总记账凭证账务处理程序（　　）。

A. 便于了解经济业务的来龙去脉，查对账目

B. 便于会计核算的分工

C. 减少登记总账的工作量

D. 汇总转账凭证的编制工作量较大，不利于分工

E. 适用于规模大、经济业务较多的企业

12. 汇总记账凭证账务处理程序下登记总账的依据有（　　）。

A. 汇总收款凭证　　B. 汇总付款凭证

C. 汇总转账凭证　　D. 汇总原始凭证

E. 科目汇总表

13. 账务处理程序也叫会计核算程序，它是指（　　）相结合的方式。

A. 会计凭证　　B. 会计账簿

C. 会计科目　　D. 会计报表

E. 会计账户

14. 记账凭证账务处理程序、汇总记账凭证账务处理程序和科目汇总表账务处理程序应共同遵循的程序有（　　）。

A. 根据原始凭证、汇总原始凭证和记账凭证登记各种明细分类账

B. 根据记账凭证逐笔登记总分类账

C. 期末，库存现金日记账、银行存款日记账和明细分类账的余额与有关总分类账的余额核对相符

D. 根据总分类账的记录编制会计报表

E. 根据总分类账和明细分类账的记录编制会计报表

15. 以下属于记账凭证会计核算程序优点的是（　　）。

A. 简单明了，易于理解

B. 总分类账可较详细地记录经济业务的发生情况

C. 便于进行会计科目的试算平衡

D. 减少了登记总账的工作量

E. 破坏了账户之间的对应关系

四、不定项选择题

1. 不能反映账户的对应关系，不便于分析和检查经济业务的来龙去脉，指的是（　　）。

A. 记账凭证账务处理程序　　B. 汇总记账凭证账务处理程序

C. 日记总账账务处理程序　　D. 科目汇总表账务处理程序

2. 汇总记账凭证账务处理程序的特点是根据（　　）登记总账。

A. 记账凭证　　B. 汇总记账凭证

C. 科目汇总表　　D. 多栏式日记账

3. 符合科目汇总表账务处理程序优点的是（　　）。

A. 能够减少登记总额的工作量

B. 能反映账户间的对应关系

C. 不能反映账户间的来龙去脉

D. 适用于规模小、业务量少、凭证不多的单位

4. 汇总记账凭证账务处理程序的优点是（　　）。

A. 便于会计核算的分工

B. 便于了解账户之间的对应关系

C. 适用于规模较小、业务量较少、记账凭证不多的单位

D. 便于试算平衡

5. 以下说法，正确的有（　　）。

A. 根据记账凭证逐笔登记总账　　B. 根据原始凭证登记总账

C. 根据科目汇总表定期登记总账　　D. 根据明细账逐笔登记总账

6. 在采用汇总记账凭证账务处理程序时，收款凭证账户对应关系只能是（　　）。

A. 一借一贷　　B. 多借一贷　　C. 多借多贷　　D. 一借多贷

7. 区分不同账务处理程序的根本标志是（　　）。

A. 编制汇总原始凭证的依据　　B. 编制记账凭证的依据
C. 登记总分类账的依据　　D. 编制会计报表的依据

8. 与科目汇总表账务处理程序相比较，汇总记账凭证账务处理程序的主要特点是（　）。

A. 分类汇总经济业务　　B. 能反映账户的对应关系
C. 不能反映账户的对应关系　　D. 不加分类地全部汇总各类经济业务

9. 科目汇总表账务处理程序与汇总记账凭证账务处理程序的共同优点是（　）。

A. 保持账户之间的对应关系　　B. 简化登记总分类账的工作
C. 进行发生额试算平衡　　D. 总括反映同类经济业务

10. 科目汇总表账务处理程序与汇总记账凭证账务处理程序虽有不同，但它们也有许多共同之处，如（　）。

A. 根据原始凭证及原始凭证汇总表填制记账凭证
B. 根据记账凭证及原始凭证登记明细账
C. 根据总账、明细账及有关资料编制会计报表
D. 根据收、付款凭证登记库存现金日记账和银行存款日记账

五、判断题（对的打“✓”，错的打“×”）

1. 记账凭证账务处理程序的特点是根据记账凭证逐笔登记总账。（　）
2. 科目汇总表账务处理程序的优点是便于了解账户之间的对应关系。（　）
3. 汇总记账凭证账务处理程序的优点之一是减少了登记总账的工作量。（　）
4. 科目汇总表账务处理程序的优点是可以进行试算平衡。（　）
5. 在各种账务处理程序下，财务报表的编制依据都是相同的。（　）
6. 在各种账务处理程序下，登记明细账的依据都是相同的。（　）
7. 在各种账务处理程序下，登记总账的依据都是相同的。（　）
8. 各种账务处理程序的主要区别在于登记总账的依据和方法不同。（　）
9. 登记总账的依据可以是记账凭证或是科目汇总表，也可以是汇总记账凭证。（　）
10. 在汇总记账凭证账务处理程序下，填制的记账凭证应该是专用记账凭证。（　）

六、简答题

1. 简述记账凭证账务处理程序的具体步骤。
2. 简述科目汇总表账务处理程序的具体步骤。
3. 简述汇总记账凭证账务处理程序的具体步骤。
4. 简述科目汇总表账务处理程序的优缺点及适用范围。
5. 简述汇总记账凭证账务处理程序的优缺点及适用范围。
6. 合理、适用的账务处理程序一般应符合哪些要求？

七、业务计算题

练习一

【资料】红光有限责任公司 202×年 11 月 30 日总分类账和有关明细账的余额见下表。

总分类账及有关明细账账户余额表

202×年 11 月 30 日　　单位：元

会计科目	总分类账		明细分类账户	
	借方余额	贷方余额	借方余额	贷方余额
库存现金	1 000			
银行存款	1 606 000			
应收账款	85 000			
久久公司			40 000	
金立公司			45 000	
原材料	80 000			
甲材料			35 000	
乙材料			45 000	
生产成本	57 000			
A 产品			37 000	
B 产品			20 000	
库存商品	71 000			
A 产品			50 000	
B 产品			21 000	
固定资产	4 400 000			
累计折旧		800 000		
应付职工薪酬		53 325		
应交税费		50 000		
长期借款		100 000		
本年利润		546 675		
实收资本		4 450 000		
盈余公积		200 000		
利润分配		100 000		
合计	6 300 000	6 300 000		

该有限责任公司 202×年 12 月份发生下列经济业务：

（1）2 日，从咏江公司购入甲材料 10 000 千克，每千克 10 元，价款100 000元，增值税款 13 000 元。材料已验收入库，款项已用银行存款支付。

（2）5 日，从全友公司购入乙材料 7 000 千克，每千克 15 元，价款105 000元，增值税款 13 650 元。材料已验收入库，款项已用银行存款支付。

（3）6 日，销售 A 产品 50 件，单价 1 500 元，价款 75 000 元，增值税销项税额 9 750 元。款项已收回存入银行。

（4）11 日，销售 B 产品 100 件，单价 1 000 元，货款 100 000 元，增值税销项税额 13 000 元。款项已收回存入银行。

（5）13 日，以银行存款支付广告费 6 000 元，取得增值税普通发票。

（6）以库存现金 100 元购买办公用品，取得增值税普通发票。

（7）20 日，以银行存款支付本月水电费 10 732 元，生产车间耗用 8 232 元，行政管理部门耗用 2 500 元。

（8）21 日，以银行存款 122 208 元支付本月工资。

（9）22 日，销售给久久公司 A 产品 140 件，单价 1 500 元，货款 210 000 元，增值税销项税额 27 300 元，货款尚未收回。

（10）23 日，销售给金立公司 B 产品 60 件，单价 1 000 元，货款 60 000 元，增值税销项税额 7 800 元，货款尚未收回。

（11）24 日，以银行存款支付销售产品运费 2 000 元，取得增值税普通发票。

（12）25 日，以现金支付行政部门办公用品费 100 元，取得增值税普通发票。

（13）27 日，收到久久公司前欠货款 250 000 元，已存入银行。

（14）28 日，预支行政人员小丁差旅费 500 元，以现金支付。

（15）30 日，行政人员小丁报销差旅费 300 元，余款退回。

（16）31 日，计提本月固定资产折旧费 20 000 元，其中生产车间折旧费为 12 000 元，行政管理部门折旧费为 8 000 元。

（17）31 日，企业耗用材料，根据发出材料汇总表分配结转材料费用。

发出材料汇总表

202×年 12 月 31 日　　　　单位：元

应借科目		应贷科目：原材料				
		甲材料		乙材料		金额合计
		数量/千克	金额	数量/千克	金额	
生产成本	A 产品	4 000	40 000	3 900	58 500	98 500
	B 产品	2 500	25 000	1 900	28 500	53 500
	小计	6 500	65 000	5 800	87 000	152 000
制造费用		432. 80	4 328	2 000	30 000	34 328
管理费用		1 000	10 000			10 000
合计		7 932. 80	79 328	7 800	117 000	196 328

（18）31 日，计算分配本月职工工资共计 122 208 元，其中生产 A 产品工人工资 45 030 元，生产 B 产品工人工资 25 878 元，车间管理人员工资 22 800 元，行政管理人员工资 28 500 元。

（19）31 日，本月发生制造费用 77 360 元，其中应分配给 A 产品 51 110 元、B 产品 26 250 元。

（20）31 日，月末结转完工入库产品成本，A 产品完工 200 件，总成本 200 000 元；B 产品完工 150 件，总成本 105 000 元。

（21）31 日，计算本年经营性长期借款利息 5 000 元（每年 5 月 1 日付息、到期还本）。

（22）31 日，结转本月产品销售成本 302 000 元，其中 A 产品销售 190 件，销售成本 190 000 元，B 产品销售 160 件，销售成本 112 000 元。

（23）31 日，计算出本月应交城市建设维护税 6 700 元，教育费附加2 800元。

（24）31 日，将本月主营业务收入 445 000 元，转入“本年利润”账户的贷方。

（25）31 日，将本月主营业务成本 302 000 元、税金及附加 9 500 元、销售费用 8 000 元、管理费用 49 500 元和财务费用 5 000 元，转入“本年利润”账户的借方。

（26）31 日，计算出本月应交所得税 17 675 元。

（27）31 日，将所得税费用转入“本年利润”账户的借方。

（28）31 日，进行利润分配，本年应计提法定盈余公积 60 000 元，应对投资者分配利润 350 000 元。

（29）31 日，计算未分配利润：将本年实现的净利润 600 000 元由“本年利润”账户转入“利润分配——未分配利润”明细账户的贷方。

（30）将提取的盈余公积 60 000 元和投资者应分配利润 350 000 元，分别由“利润分配”有关明细账转入“利润分配——未分配利润”明细账户的借方。

（31）31 日，以银行存款交纳税金 60 000 元，其中增值税 40 000 元、所得税 20 000 元。

【要求】

（1）根据红光有限责任公司 12 月份发生的经济业务，填列收款凭证、付款凭证和转账凭证。

（2）根据所编制的银行存款收款凭证和银行存款付款凭证，逐日逐笔登记银行存款日记账。

（3）根据原始凭证和所编制的记账凭证，登记明细分类账。作为学习者，为减少不必要的重复，可以只登记代表性的“应收账款”“原材料”两个总账的明细账。

（4）根据记账凭证逐笔登记总账。作为学习者，为减少不必要的重复，可以只登记代表性的“应收账款”“原材料”两个总账的明细账。

（5）月末，账账核对。

练习二

【资料】见练习一

【要求】

（1）根据红光有限责任公司 12 月份发生的经济业务，填列收款凭证、付款凭证和转账凭证。

（2）根据所编制的银行存款收款凭证和银行存款付款凭证，逐日逐笔登记银行存款日记账。

（3）根据原始凭证和所编制的记账凭证，登记明细分类账。作为学习者，为减少不必要的重复，可以只登记代表性的“应收账款”“原材料”两个总账的明细账。

（4）月末，根据记账凭证编制科目汇总表。

其他步骤省略。

练习三

【资料】见练习一

【要求】

（1）根据红光有限责任公司12月份发生的经济业务，填列收款凭证、付款凭证和转账凭证。

（2）根据所编制的银行存款收款凭证和银行存款付款凭证，逐日逐笔登记银行存款日记账。

（3）根据原始凭证和所编制的记账凭证，登记明细分类账。作为学习者，为减少不必要的重复，可以只登记代表性的“应收账款”“原材料”两个总账的明细账。

（4）月末，根据记账凭证分别编制汇总收款凭证、汇总付款凭证。

其他步骤省略。

第十章 财务报告

一、名词解释

1. 财务报告
2. 资产负债表
3. 利润表
4. 现金流量表
5. 所有者权益变动表

二、单项选择题

1. 财务报表中项目数据的直接来源是（　　）。
   A. 原始凭证　　B. 记账凭证
   C. 日记账　　D. 账簿记录
2. （　　）是反映企业在一定时期内经营成果的财务报表。
   A. 资产负债表　　B. 利润表
   C. 会计报表　　D. 现金流量表
3. 下列报表中，不属于企业内部报表的是（　　）。
   A. 主营业务收支明细表　　B. 现金流量表
   C. 销售日报表　　D. 产品成本表
4. 多步式利润表是通过多步计算当期损益，通常把利润计算分解为（　　）。
   A. 营业利润、利润总额和净利润
   B. 毛利、营业利润和应税利润总额
   C. 营业收入、营业利润和可分配利润
   D. 毛利、营业利润和利润总额
5. 利润表是反映企业（　　）经营成果及分配情况的报表。
   A. 一定时期内　　B. 特定时期
   C. 相邻期间内　　D. 相邻时期
6. 下列报表中，属于静态报表的是（　　）。
   A. 资产负债表　　B. 利润表
   C. 现金流量表　　D. 利润分配表
7. 资产负债表中，货币资金项目是根据（　　）填制的。
   A. 库存现金和银行存款的期末余额汇总
   B. 库存现金、银行存款和其他货币资金的期末余额汇总
   C. 库存现金的期末余额
   D. 银行存款的期末余额
8. 利润表是根据（　　）填列的。
   A. 损益类账户的期末余额　　B. 损益类账户的期初余额

C. 损益类账户的本期发生额　　D. 损益类账户的借方发生额

9. 下列资产负债表项目中，不可以直接根据总分类账户期末余额填列的项目是（　　）。

A. 资本公积　　B. 短期借款

C. 长期借款　　D. 应付股利

10. 下列资产负债表项目中，应根据相应总账账户期初期末余额直接填列的项目是（　　）。

A. 预收账款　　B. 应收票据

C. 长期债权投资　　D. 预付账款

11. 某企业5月末“本年利润”账户贷方余额76 000元，“利润分配”账户贷方余额21 000元，则5月末编制的资产负债表“未分配利润”项目的金额为（　　）。

A. 76 000元　　B. 97 000元

C. 55 000元　　D. 21 000元

12. 我国会计实务中，资产负债表通常采用的结构是（　　）。

A. 单步式　　B. 多步式

C. 账户式　　D. 报告式

13. 下列资产项目中，流动性最好的是（　　）。

A. 交易性金融资产　　B. 预付账款

C. 存货　　D. 长期待摊费用

14. 资产负债表是反映企业在（　　）财务状况的报表。

A. 某一特定时期　　B. 某一特定会计期间

C. 一定时间　　D. 某一特定日期

15. 根据“资产＝负债＋所有者权益”填列的财务报表是（　　）。

A. 主营业务收支表　　B. 利润表

C. 资产负债表　　D. 现金流量表

16. 根据“收入－费用＝利润”填列的财务报表是（　　）。

A. 利润分配表　　B. 资产负债表

C. 现金流量表　　D. 利润表

17. 在编制资产负债表时，可以根据有关账簿记录直接填列的项目有（　　）。

A. 货币资金　　B. 存货

C. 短期借款　　D. 未分配利润

18. “年初数”通常出现在（　　）报表中。

A. 资产负债表　　B. 利润表

C. 现金流量表　　D. 利润分配表

19. 在编制资产负债表时，资产类备抵调整账户应列示在（　　）。

A. 借方　　B. 资产方

C. 负债方　　D. 权益方

20. “应收账款”账户所属明细账户如有贷方余额，应反映在资产负债表中的（　　）。

A. 预付账款　　B. 预收账款
C. 应收账款　　D. 应付账款

21. 在资产负债表中，资产按照其流动性排列时，下列排列顺序正确的是（　　）。
A. 存货、无形资产、货币资金、交易性金融资产
B. 交易性金融资产、存货、无形资产、货币资金
C. 货币资金、交易性金融资产、存货、无形资产
D. 无形资产、货币资金、交易性金融资产、存货

22. 编制年末资产负债表时，未分配利润项目应根据（　　）账户余额填列。
A. 本年利润　　B. 利润分配
C. 盈余公积　　D. 实收资本

23. 在下列会计报表中，大部分项目根据总分类账户期末余额直接填列的是（　　）。
A. 资产负债表　　B. 利润表
C. 现金流量表　　D. 所有者权益变动表

24. 某企业某年末固定资产账户余额为2 000万元，累计折旧账户余额为500万元，固定资产减值准备账户余额为60万元，在建工程账户余额为100万元。该企业该年末资产负债表中固定资产项目的余额为（　　）万元。
A. 1 500　　B. 1 440
C. 1 540　　D. 1 600

25. 资产负债表中的下列项目，需要根据几个总账账户的期末余额进行汇总填列的是（　　）。
A. 应付职工薪酬　　B. 短期借款
C. 资本公积　　D. 货币资金

26. 下列各项中，不会影响营业利润金额增减的是（　　）。
A. 资产减值损失　　B. 财务费用
C. 营业外收入　　D. 投资收益

27. 资产负债表的“期末余额”栏应根据有关账户的（　　）来编制。
A. 本期增加额　　B. 本期减少额
C. 期末余额　　D. 期初余额

28. 资产负债表中资产项目的排列次序是（　　）。
A. 金额的大小　　B. 重要性的大小
C. 损耗程度的大小　　D. 流动性的大小

29. 某企业期末“在建工程”“原材料”“生产成本”“库存商品”总账借方余额分别为1 200元、3 000元、5 000元和2 400元。该企业资产负债表“存货”项目期末数为（　　）。
A. 6 600元　　B. 5 400元
C. 11 600元　　D. 10 400元

30. “应付账款”账户的所属明细账户期末如果出现借方余额，应填入资产负债表

的项目是（　　）。

A. 应收账款　　B. 预收账款

C. 应付账款　　D. 预付账款

31. 某公司9月末有关账户余额如下：

单位：元

账户名称	借方余额	贷方余额
应收账款	120 000	
其中：	甲公司 150 000	
		乙公司 30 000
预收账款		50 000
其中：		丙公司 70 000
	丁公司 20 000	
应交税费	35 000	
本年利润	65 000	
利润分配		580 000

根据上述资料计算该公司9月份资产负债表中“预收账款”项目的金额为（　　）。

A. 30 000 元　　B. 70 000 元

C. 100 000 元　　D. 170 000 元

32. 根据上题的资料，计算该公司9月份资产负债表中“应交税费”项目的金额为（　　）。

A. 35 000 元　　B. －35 000 元

C. 53 000 元　　D. －53 000 元

33. 根据上述资料，计算该公司9月份资产负债表中“未分配利润”项目的金额为（　　）。

A. －580 000 元　　B. 580 000 元

C. －515 000 元　　D. 515 000 元

34. 在资产负债表中，下列属于非流动资产项目的是（　　）。

A. 其他应收款　　B. 交易性金融资产

C. 可供出售金融资产　　D. 预付账款

35. 资产负债表中所有者权益的排列顺序是（　　）。

A. 未分配利润——盈余公积——资本公积——实收资本

B. 实收资本——盈余公积——资本公积——未分配利润

C. 实收资本——资本公积——盈余公积——未分配利润

D. 资本公积——盈余公积——未分配利润——实收资本

36. 下列各项中，不属于企业对外提供的财务报表的是（　　）。

A. 资产负债表
B. 利润表
C. 所有者权益变动表
D. 成本计算表

37. 资产负债表中，负债及所有者权益项目一般按照（　　）顺序排列。
A. 项目的重要性程度
B. 项目的金额大小
C. 项目的支付性大小
D. 项目的求偿权先后

38. 现金流量表的编制基础是（　　）。
A. 现金及现金等价物
B. 库存现金
C. 银行存款
D. 狭义的现金

39. 现金流量表是以（　　）为基础编制的财务报表。
A. 权责发生制
B. 收付实现制
C. 应收应付制
D. 费用配比制

三、多项选择题

1. 财务报告信息的使用者包括（　　）。
A. 企业投资者
B. 企业债权人
C. 政府及其相关机构
D. 潜在投资者和债权人
E. 企业职工

2. 按照不同的标准进行分类，利润表应是（　　）。
A. 反映经营成果的报表
B. 动态报表
C. 对外报表
D. 静态报表
E. 对内报表

3. 按照财务报表报送对象的不同，财务报表可分为（　　）。
A. 内部报表
B. 外部报表
C. 单位报表
D. 合并会计报表
E. 汇总会计报表

4. 资产负债表是（　　）。
A. 以“资产 = 负债 + 所有者权益”为基础
B. 反映企业经营成果的报表
C. 反映企业财务状况的报表
D. 月报表
E. 对外报表

5. 资产负债表是（　　）。
A. 总括反映企业财务状况的报表
B. 反映企业报告期末财务状况的报表
C. 反映企业报告期间财务状况的报表
D. 反映企业财务状况的静态报表
E. 反映企业财务状况的动态报表

6. 利润表是（　　）。
A. 根据有关账户发生额编制的
B. 动态报表

C. 静态报表　　D. 反映财务状况的报表
E. 反映经营成果的报表

7. 资产负债表中，根据若干总账账户期末余额计算填列的项目有（　　）。
A. 货币资金　　B. 存货
C. 应付债券　　D. 资本公积
E. 短期借款

8. 资产负债表中的“存货”项目包括（　　）。
A. 生产成本　　B. 原材料
C. 库存商品　　D. 材料成本差异
E. 委托加工物资

9. 在编制资产负债表时，需要根据若干明细账户的期末余额计算填列的项目有（　　）。
A. 应付账款　　B. 存货
C. 预收账款　　D. 交易性金融资产
E. 固定资产

10. 在编制资产负债表时，需要根据有关资产账户与其备抵账户抵消后的净额填列的项目有（　　）。
A. 长期借款　　B. 无形资产
C. 应收账款　　D. 长期股权投资
E. 固定资产

11. 下列各项中，属于资产负债表中流动资产项目的有（　　）。
A. 货币资金　　B. 预收账款
C. 应收账款　　D. 存货
E. 交易性金融资产

12. 下列项目中，列示在资产负债表右方的有（　　）。
A. 非流动资产　　B. 非流动负债
C. 流动负债　　D. 流动资产
E. 所有者权益

13. 资产负债表中的“应付账款”项目应依据（　　）总分类账户所属各明细分类账户的期末贷方余额合计填列。
A. 应付账款　　B. 预收账款
C. 预付账款　　D. 应收账款
E. 其他应收款

14. 资产负债表项目中，所有者权益包括的项目有（　　）。
A. 实收资本　　B. 盈余公积
C. 本年利润　　D. 资本公积
E. 未分配利润

15. 下列项目中，影响营业利润的有（　　）。
A. 营业收入　　B. 管理费用

C. 营业外收入
D. 税金及附加
E. 营业外支出

16. 现金流量表中的现金等价物应同时具备的四个条件是（　　）。
A. 期限短
B. 流动性强
C. 期限长
D. 易于转换为已知金额的现金
E. 价值变动风险很小

17. 财务报告的编制必须做到（　　）。
A. 数字真实
B. 内容完整
C. 编报及时
D. 口径一致
E. 格式灵活

18. 企业现金流量按其产生的原因可以分为（　　）。
A. 经营活动现金流量
B. 投资活动现金流量
C. 筹资活动现金流量
D. 现金流入量
E. 现金流出量

19. 财务会计目标是通过编制财务报告，借以反映企业的（　　）。
A. 成本费用
B. 经营成果
C. 财务状况
D. 现金流量
E. 战略计划

20. 企业财务报告的使用者包括（　　）。
A. 投资者
B. 债权人
C. 政府及相关机构
D. 企业管理人员、职工
E. 社会公众

21. 利润表中的“营业成本”项目填列的依据有（　　）。
A.“营业外支出”发生额
B.“主营业务成本”发生额
C.“销售费用”发生额
D.“其他业务成本”发生额
E.“税金及附加”发生额

四、不定项选择题

1. 某年 12 月 31 日编制的利润表中“本期金额”一栏反映了（　　）。
A. 12 月 31 日利润或亏损的形成情况
B. 12 月累计利润或亏损的形成情况
C. 12 月份利润或亏损的形成情况
D. 第四季度利润或亏损的形成情况

2. 下列各资产负债表项目中，应根据明细账户余额计算填列的有（　　）。
A. 短期借款
B. 预收账款
C. 应收账款
D. 应付账款
E. 交易性金融资产

3. 下列财务报表项目中，应根据发生额填列的有（　　）。
A. 资本公积
B. 管理费用

C. 所得税费用　　D. 应交税费

E. 交易性金融资产

4. 资产负债表中的下列项目，可根据总账余额直接填列的有（　　）。

A. 交易性金融资产　　B. 短期借款

C. 应收账款　　D. 长期借款

E. 存货

5. 资产负债表中的下列各项，其金额应抵减了各项减值或坏账准备后的净额填列的有（　　）。

A. 长期股权投资　　B. 存货

C. 货币资金　　D. 应收账款

E. 无形资产

6. 下列各项中，不会影响利润总额增减变化的是（　　）。

A. 销售费用　　B. 管理费用

C. 所得税费用　　D. 营业外支出

E. 营业外收入

7. 资产负债表中的“一年内到期的非流动负债”项目应当根据下列账户贷方余额分析填列（　　）。

A. 应付债券　　B. 应付账款

C. 短期借款　　D. 长期应付款

E. 长期借款

8. 下列属于资产负债表“流动资产”项目中的是（　　）。

A. 应收账款　　B. 预收账款

C. 应付账款　　D. 预付账款

E. 交易性金融资产

9. 下面属于财务报表附表的有（　　）。

A. 资产减值准备明细表　　B. 利润表

C. 应交增值税明细表　　D. 应付职工薪酬明细表

E. 现金流量表

五、判断题（对的打“√”，错的打“×”）

1. 资产负债表中，资产的排列顺序是根据重要性原则确定的。（　　）

2. 资产负债表的格式有单步式和多步式。（　　）

3. 资产负债表中的“货币资金”项目应根据银行存款日记账填列。（　　）

4. 资产负债表中“期末数”栏内各项目金额指的是总账账户的期末余额。（　　）

5. 资产负债表是根据权责发生制基础编制的反映企业财务状况的会计报表。（　　）

6. 在填制资产负债表各项目“年初数”金额时，若本年度该表中规定的各项目的名称和内容与上年度不一致，应对上年年末表中各项的名称和数字按照本年度的规定进行调整。（　　）

7. 资产负债表中“长期借款”项目应根据“长期借款”总账账户余额填列。 （ ）

8. 资产负债表中“固定资产”项目应根据“固定资产”账户余额减去“累计折旧”“固定资产减值准备”等账户的期末余额后的金额填列。 （ ）

9. 融资租赁的固定资产价值不包括在资产负债表中的“固定资产”内。 （ ）

10. 账户式资产负债表分左右两方，右方为负债及所有者权益项目，一般按求偿权先后顺序排列。 （ ）

11. 利润表的编制基础是“收入 - 费用 = 利润”这一会计等式。 （ ）

12. 利润表是反映企业一定日期经营状况的财务报表。 （ ）

13. 资产负债表是根据有关账户的期末余额填列的，而利润表是根据有关账户的发生额填列的。 （ ）

14. 企业往往通过编制与提供现金流量表来弥补权责发生制的不足。 （ ）

15. 资产负债表是根据有关账户的期末余额填列的，而利润表是根据有关账户的发生额填列的。 （ ）

16. 资产负债表中的所有者权益内部各项目是按照流动性或变现能力排列的。 （ ）

17. 为了保证财务会计报告的及时报送，企业可以适当提前结账。 （ ）

18. 资产负债表是反映企业一定时期财务状况的财务报表。 （ ）

19. 现金流量表反映了企业一定时期的经营成果。 （ ）

六、简答题

1. 简述财务报告的作用。
2. 简述财务报表分类的基本内容。
3. 资产负债表的主要作用有哪些?
4. 利润表的主要作用有哪些?
5. 现金流量表的主要作用有哪些?

七、业务计算题

练习一

【资料】

（1）某企业某年 9 月份若干总分类账户的期末余额如下表所示。

某企业某年 9 月 30 日总分类账户余额表　　　　单位：元

账户名称	借方金额	贷方金额
库存现金	600	
银行存款	200 000	
应收账款	1 000	
原材料	23 000	
在途物资	3 000	
预付账款	4 000	
库存商品	41 000	
生产成本	13 000	
固定资产	980 000	
无形资产	300 000	
应付职工薪酬	15 000	
累计折旧		150 000
应付账款		2 500
预收账款		3 000
应交税费		8 000
应付股利		5 000
固定资产减值准备		132 000
无形资产减值准备		23 000
累计摊销		8 000
实收资本		1 249 100
合计	1 580 600	1 580 600

（2）该企业 9 月 30 日若干明细分类账户的余额如下：

应收账款——A 厂借方余额 4 500 元

——B 厂贷方余额 1 500 元

——C 厂贷方余额 2 000 元

应付账款——D 厂贷方余额 5 000 元

——E 厂借方余额 2 500 元

预收账款——F 厂借方余额 2 000 元

——G 厂贷方余额 5 000 元

预付账款——H 厂借方余额 5 000 元

——I 厂贷方余额 1 000 元

【要求】根据上述资料编制该企业 9 月份资产负债表的如下项目：

某企业某年9月30日资产负债表 单位：元

项目名称	金额	项目名称	金额
货币资金		应付账款	
应收账款		预收账款	
存货		应付职工薪酬	
预付账款		应交税费	
固定资产		应付股利	
无形资产		实收资本	

练习二

【资料】甲公司202×年年末流动资产是年末流动负债的3.5倍。202×年年末的资产负债表（简表）如下：

资产负债表（简表）

编制单位：甲公司 202×年12月31日 单位：元

资产	期末余额	年初余额	负债及所有者权益	期末余额	年初余额
			流动负债：		
			短期借款	9 700	4 500
流动资产：			应付账款	4 900	（⑩）
货币资金	16 500	12 500	应交税费	（⑦）	6 500
应收账款	（①）	43 500	流动负债合计	28 400	23 000
预付账款	24 000	（④）	非流动负债：		
存货	42 000	20 000	长期借款	109 600	80 000
流动资产合计	（②）	（⑤）	所有者权益：		
非流动资产：			实收资本	120 000	120 000
固定资产	200 600	164 000	盈余公积	（⑧）	32 000
			所有者权益合计	162 000	152 000
资产总计	（③）	（⑥）	负债及所有者权益总计	（⑨）	255 000

【要求】计算上表括号中的数据。

练习三

【资料】浦龙公司202×年1月末简要资产负债表如下：

资产负债表（简式）

202×年1月31日 单位：元

资产	金额	负债及所有者权益	金额
		应付账款	10 000
银行存款	80 000	应付票据	20 000
原材料	60 000	实收资本	300 000
固定资产	200 000	资本公积	10 000
合计	340 000	合计	340 000

202×年2月，浦龙公司发生下列经济业务：

（1）以银行存款20 000元购买生产用设备。

（2）将到期无力偿还的应付票据10 000元转为应付账款。

（3）将资本公积6 000元转增实收资本。

（4）购进8 000元生产用材料，款项尚未支付。

【要求】根据上述资料，回答下列各题（不考虑其他因素和各种税费）：

（1）下列表述正确的有（　　）。

A. 以银行存款20 000元购买生产用设备，会引起资产内部的一增一减

B. 将到期无力偿还的应付票据10 000元转为应付账款，会引起负债内部的一增一减

C. 将资本公积6 000元转增资本，会引起所有者权益内的一增一减

D. 购进8 000元生产用材料，款项尚未支付，会引起资产与负债同时增加

（2）关于浦龙公司2月末有关账户的余额，正确的有（　　）。

A. 固定资产借方余额220 000元

B. 应付账款贷方余额28 000元

C. 实收资本贷方余额306 000元

D. 资本公积借方余额4 000元

（3）关于浦龙公司资产总额和净资产总额的表述，正确的有（　　）。

A. 2月末的资产总额为348 000元

B. 2月末的资产总额为342 000元

C. 2月末的净资产总额为310 000元

D. 2月末的净资产总额为308 000元

（4）关于浦龙公司2月份各账户的发生额合计，正确的有（　　）。

A. 借方发生额合计为348 000元

B. 借方发生额合计为44 000元

C. 贷方发生额合计为348 000元

D. 贷方发生额合计为44 000元

练习四

某企业4月份主营业务收入1 000万元，主营业务成本450万元，税金及附加150万元，销售费用120万元，管理费用80万元，财务费用20万元，营业外收入60万元，营业外支出15万元，其他业务收入250万元，其他业务成本150万元，所得税税率25%。

要求：根据以上资料计算4月份的下列项目金额，并列出计算过程。

①营业利润；②利润总额；③净利润。

练习五

【资料】假设某企业为增值税一般纳税企业，202×年12月份发生下列经济业务：

（1）企业销售材料一批，价款10 000元，增值税销项税额1 300元。货款及税金用商业汇票结算，收到面额11 700元的商业承兑汇票一张。

（2）企业按合同发出产品一批，价款130 000元，增值税销项税额16 900元，该货款已于上月预收，金额为100 000元（该企业未单独设置“预收账款”账户）。

（3）企业用银行存款支付专设的销售部门销售产品的运杂费5 000元、向慈善机构捐款5 000元。

（4）企业以银行存款支付本季度的短期借款利息3 900元（其中：季内前2个月已预提2 600元）。

（5）月末，结算本月应付行政管理部门人员的工资及福利费11 400元。

（6）月末，按规定计算本月销售产品的消费税等销售税金2 500元。

（7）月末，结转已售产品的生产成本85 000元，已售材料的成本5 000元。

（8）月末，经批准转销盘盈存货的价值200元。

（9）假设企业按月计算所得税费用，本月没有任何调整事项，企业根据利润总额计算企业本期应交纳的所得税（所得税率25%）。

【要求】

（1）根据上述资料编制会计分录；

（2）填制完成该企业202×年12月份利润表。

利润表

编制单位：某企业　　　　202×年12月　　　　单位：元

项目	本期金额	上期金额
一、营业收入		
减：营业成本		
税金及附加		
销售费用		
管理费用		
财务费用		
资产减值损失		
加：投资收益		
其中：对联营企业和合并企业的投资收益		
公允价值变动收益		（略）
二、营业利润		
加：营业外收入		
减：营业外支出		
三、利润总额（净亏损以“－”号填列）		
减：所得税费用		
四、净利润		
五、其他综合收益的税后净额	（略）	
六、综合收益总额	（略）	
七、每股收益	（略）	

第十一章 会计工作的组织

一、名词解释

1. 会计工作组织
2. 会计机构
3. 内部会计管理制度
4. 会计电算化岗位
5. 会计职业道德
6. 会计法规
7. 会计制度

二、单项选择题

1. 在集中核算方式下，车间或仓库的会计人员从事的工作是（　　）。
   A. 经济业务的明细分类核算　　B. 经济业务的总分类核算
   C. 编制财务报表　　D. 填制原始凭证
2. 在非集中核算组织形式下，下列说法正确的是（　　）。
   A. 单位内各部门会计人员独立组织本部门全部会计工作
   B. 单位内各部门会计人员只负责填制原始凭证和登记明细账
   C. 总分类核算和单位财务报表由会计部门集中处理
   D. 对外现金、银行存款等结算业务由各部门集中办理
3. 保证会计工作正常进行，充分发挥会计职能作用的重要前提条件是（　　）。
   A. 建立健全会计机构　　B. 配备适当的会计人员
   C. 制定相应的会计法规制度　　D. 设置总会计师
4. 不具备单独设置会计机构的单位应（　　）。
   A. 委托会计师事务所代理记账　　B. 在有关机构中配备专职会计人员
   C. 不设置专职会计人员　　D. 由有关机构人员监管会计工作
5. 不属于会计专业技术职务的是（　　）。
   A. 总会计师　　B. 高级会计师
   C. 会计师　　D. 助理会计师
6. 下列不属于不相容职务的是（　　）。
   A. 出纳与记账　　B. 出纳与现金保管
   C. 财务保管与记账　　D. 业务经办与财物保管
7. 随意变更会计处理方法的，由县级以上人民政府财政部门责令限期改正，可以对单位并处（　　）的罚款。
   A. 2 000 元以上 20 000 元以下
   B. 3 000 元以上 50 000 元以下
   C. 5 000 元以上 50 000 元以下
   D. 5 000 元以上 100 000 元以下
8. 当前我国会计法规制度体系中，层次最高的是（　　）。

A.《会计法》　　B.《企业会计准则》
C.《企业会计制度》　　D.《会计工作规范》

9. 我国新《企业会计准则》体系不包括（　　）。
A. 基本准则
B. 42 项具体准则
C. 事业单位会计准则
D. 企业会计准则应用指南和解释公告

10. 根据我国《会计法》的规定，国有和国有资产占控股地位或主导地位的大中型企业必须设置（　　）。
A. 高级会计师　　B. 会计主管
C. 会计师　　D. 总会计师

11. 关于会计部门内部岗位责任制，下列说法中错误的是（　　）。
A. 可以一人一岗、一人多岗或多人一岗
B. 必须贯彻内部会计管理制度，即钱、账、物分管制度
C. 会计人员合理分工，尽量划小核算单位，缩小会计主体
D. 会计人员的工作岗位应当有计划地进行轮换、交流

12. 国家统一的会计制度是由（　　）制定的。
A. 全国人大常委会　　B. 国务院
C. 国务院财政部门　　D. 省级或省级以下财政部门

三、多项选择题

1. 科学地组织会计工作的意义是（　　）。
A. 有利于保证会计工作的质量，提高会计工作的效率
B. 有利于确保会计工作同其他经济管理工作更好地分工协作，相互配合
C. 有利于从组织上保证正确实现国家经济工作的方针政策，以及财经制度、纪律、法令的贯彻执行
D. 有利于会计人员办理本单位的会计事项
E. 有利于加强会计核算

2. 无论企业实施集中核算还是非集中核算，都应由厂（公司）级会计部门集中办理的经济业务有（　　）。
A. 银行存款往来结算　　B. 物资购销结算
C. 债权债务结算　　D. 对外现金收付结算
E. 填制原始凭证

3. 下列有关会计工作岗位的说法中，正确的有（　　）。
A. 岗位的多少由单位自行决定　　B. 贯彻内部控制制度
C. 只能一人一岗　　D. 定期轮换
E. 可以一人多岗

4. 一个较为完善的电算化会计系统应设置的电算化岗位有（　　）。
A. 系统管理员　　B. 系统操作员
C. 数据审核员　　D. 系统维护员

E. 会计档案管理员

5. 我国《会计法》第四十三条对伪造和变造会计凭证、会计账簿或编制虚假财务会计报告的处罚有（　　）。

A. 通报　　B. 罚款

C. 行政处分　　D. 吊销会计从业资格证书

E. 构成犯罪的，依法追究刑事责任

6. 我国会计人员职业道德包括（　　）。

A. 爱岗敬业，忠于职守　　B. 实事求是，客观公正

C. 廉洁奉公，不谋私利　　D. 精通业务，自强不息

E. 统一领导，分散管理

7. 我国会计法规体系的构成层次有（　　）。

A. 会计法　　B. 会计行政规章

C. 会计准则　　D. 会计制度

E. 企业会计核算方法

8. 我国企业会计准则体系的层次包括（　　）。

A. 基本准则　　B. 具体准则

C. 应用指南　　D. 解释公告

E. 国家统一的会计制度

9. 下列法规中属于国家统一会计制度的是（　　）。

A.《中华人民共和国会计法》　　B.《企业会计制度》

C.《会计从业资格管理办法》　　D.《企业财务通则》

E.《会计基础工作规范》

10. 会计工作的组织形式主要包括（　　）。

A. 集中核算组织形式　　B. 非集中核算组织形式

C. 直接核算组织形式　　D. 间接核算组织形式

E. 独立核算组织形式

四、不定项选择题

1. 企业采用集中核算组织形式的优点有（　　）。

A. 可以减少核算层次

B. 便于实行责任会计

C. 有利于各业务部门及时掌握本部门的核算资料

D. 便于会计部门全面地掌握本单位的会计核算资料

E. 会计工作成本较低

2. 按照企业内部控制制度的要求，以下符合不相容职务相分离原则的有（　　）。

A. 出纳人员不得兼任稽核工作，但可以负责会计档案的保管

B. 出纳和会计不能由一人兼任

C. 出纳人员承担部分采购工作

D. 出纳人员负责现金日记账的登记工作

E. 采购人员与财产物资的保管由不同的人员负责

3. 会计人员有以下哪些行为，当情节严重时，应由县级以上人民政府财政部门吊销会计从业资格证（　　）。

A. 私设会计账簿

B. 损毁会计资料

C. 随意变更会计处理方法

D. 以未经审核的会计凭证登记会计账簿

E. 按不同会计报告编制依据向不同的会计资料使用者提供财务会计报告

4. 我国对不同专业水平的会计人员设立了不同的专业技术职务，但不包括（　　）。

A. 高级会计师　　B. 注册会计师

C. 会计师　　D. 助理会计师

E. 会计员

5. 会计行政规章是指由国务院依据《会计法》颁布的一些指导会计管理工作的法规性文件，包括（　　）。

A.《代理记账管理办法》　　B.《总会计师条例》

C.《财务会计报告条例》　　D.《会计基础工作规范》

E.《会计从业资格管理办法》

五、判断题（对的打“√”，错的打“×”）

1. 集中核算和非集中核算，在一个企业中不能同时采用。（　　）

2. 大中型企业和具有一定规模的行政事业单位及其他经济组织，都应独立设置会计机构。（　　）

3.《企业会计准则第 39 号——公允价值计量》，自 2014 年 7 月 1 日起在所有执行企业会计准则的企业范围内施行。（　　）

4. 企业为了精简会计岗位，出纳人员可以兼做债权债务账目的登记工作。（　　）

5.《会计基础工作规范》是财政部制定并颁发的会计规范性文件，不是国家统一的会计制度。（　　）

6. 隐匿或者故意销毁依法应当保存的会计凭证、会计账簿、财务会计报告，构成犯罪的，依法追究刑事责任。（　　）

7. 国家统一的会计制度是指财政部根据会计法制定的关于会计核算、会计监督、会计机构和会计人员以及会计工作管理的制度。（　　）

六、简答题

1. 什么是集中核算？集中核算的优缺点表现在哪些方面？

2. 什么是非集中核算？非集中核算的优缺点表现在哪些方面？

3. 设置会计工作岗位应遵循哪些原则？

4. 简述我国会计法规和制度体系的构成层次。

第十二章 会计电算化与会计信息化基础

一、名词解释

1. 会计电算化
2. 会计信息化
3. 会计—业务一体电算化
4. 会计电算化实施的合法性原则
5. 初始化设置
6. XRBL
7. ERP

二、单项选择题

1. 会计电算化系统的定义更接近下述（　　）对会计本质的认识。
   A. 管理工具论
   B. 管理活动论
   C. 艺术论
   D. 信息系统论
2. 我国“会计电算化”概念在下列哪个历史事件中率先提出（　　）。
   A. 1954 年通用电气公司第一次使用计算机计算工资
   B. 1981 年财务领域电子计算机专题学术讨论会
   C. 1983 年国务院成立电子振兴领导小组
   D. 1989 年财政部发布《会计核算软件管理的几项规定（试行）》
3. 下列几个常见会计电算化术语，在企业中应用的时间顺序正确的是（　　）。
   A. MRP II、ERP、URP
   B. ERP、MRP II、URP
   C. MRP II、URP、ERP
   D. ERP、URP、MRP II
4. 如果说账簿体系是手工会计信息系统的核心，那么会计电算化系统的核心是（　　）。
   A. 原始凭证
   B. 记账凭证
   C. 账簿体系
   D. 会计报表
5. 会计电算化系统中一般采用的会计核算程序是（　　）。
   A. 记账凭证核算程序
   B. 汇总记账凭证核算程序
   C. 科目汇总表核算程序
   D. 以上都不对
6. 下列会计工作在会计电算化环境下被计算机所替代的是（　　）。
   A. 凭证录入
   B. 凭证审核
   C. 凭证记账
   D. 账实核对
7. 用友公司开发的 UF－ERP 系列软件主要服务下列哪个层次的会计电算化工作（　　）。
   A. 账务处理电算化
   B. 会计核算电算化
   C. 会计—业务一体电算化
   D. 社会经济信息系统一体化
8. 在会计—业务一体化信息系统中，采购业务主要与会计电算化系统中的（　　）子系统存在数据沟通。

A. 应付管理　　B. 固定资产管理
C. 工资管理　　D. 成本核算

9. 在会计核算信息系统中，处于中心地位的功能模块是（　　）。
A. 报表管理　　B. 固定资产管理
C. 总账系统　　D. 成本核算

10. 在会计电算化实施过程中，需要人工与计算机并行（　　），并比较结果是否一致。
A. 三个月以上　　B. 半年以上
C. 一个月以上　　D. 一年以上

11. 要求会计人员能够进行会计软件的系统分析、开发与维护，是（　　）的主要内容。
A. 初级培训　　B. 中级培训
C. 高级培训　　D. 以上都不对

12. 现阶段，对基层单位开展会计电算化工作具有针对指导性的文件主要是（　　）。
A.《中华人民共和国会计法》　　B.《企业会计信息化工作规范》
C.《会计电算化管理办法》　　D.《会计核算软件基本功能规范》

13. 在会计电算化系统中，增加会计科目主要是在（　　）中完成的。
A. 日常处理　　B. 月末处理
C. 初始化设置　　D. 系统服务

14. 在会计电算化的账务处理子系统中，正确操作顺序是（　　）。
A. 月末处理、初始化设置、日常处理
B. 月末处理、日常处理、初始化设置
C. 初始化设置、月末处理、日常处理
D. 初始化设置、日常处理、月末处理

15. 下列关于大型企业、企业集团开展会计信息化工作的表述中，不正确的是（　　）。
A. 可以采取统建方式，需要做好顶层设计，在统一领导下开展工作
B. 也可采取“先分后统”方式，这时先不做顶层设计，待整合时再做考虑
C. 要有统一的技术标准、编码规则和系统参数
D. 应注重实现各系统的有机结合，消除信息孤岛

三、多项选择题

1. 属于会计电算化初始化工作的是（　　）。
A. 设置人员分工与密码　　B. 输入期初数据
C. 凭证录入　　D. 结账
E. 设定主要会计政策与方法

2. 会计电算化系统的会计数据输入可以采用的方式有（　　）。
A. 键盘手工输入　　B. 移动存储设备读取
C. 网络传输　　D. 读码器等读取设备读取

E. 与手工系统并无不同

3. 在会计电算化系统中，应用控制包括（　　）。

A. 输入控制　　B. 处理控制
C. 输出控制　　D. 组织控制
E. 硬件控制

4. 一个较为完善的电算化会计系统应设置的电算化岗位有（　　）。

A. 系统管理员　　B. 系统操作员
C. 数据审核员　　D. 系统维护员
E. 数据分析员

5. 下列部门中，经常为单位会计电算化提供培训服务的有（　　）。

A. 财政部门　　B. 工商部门
C. 提供会计软件的公司　　D. 税务部门
E. 单位自行组织

6. 下列电算化子系统归属于会计电算化系统的是（　　）。

A. 应收管理　　B. 生产制造管理
C. 报表管理　　D. 人力资源管理
E. 账务处理

7. 在会计电算化系统中，一旦完成初始化工作，下列（　　）操作将无法进行。

A. 增加会计科目　　B. 修改期初余额
C. 增加操作员　　D. 修改凭证类别选择
E. 修改摘要库

8. 下列属于手工会计与电算化会计差异的有（　　）。

A. 数据处理工具不同　　B. 账务处理程序不同
C. 会计信息载体不同　　D. 内部控制不同
E. 工作岗位设置不同

9. 下列关于企业配备会计软件的表述中，正确的有（　　）。

A. 可以选择购买、定制开发、购买与开发相结合等不同方式
B. 会计软件应当保障本企业按照国家统一会计准则、制度开展会计核算
C. 企业自己开发会计软件时，不得违背国家统一的会计准则、制度
D. 定制开发包括自行开发、委托外部单位开发、企业与外部单位联合开发
E. 选择会计软件配备方式时应综合考虑成本、软件功能、安全性等因素

10. 会计电算化账务系统中可以为有关会计科目设置辅助核算，常见的辅助核算包括（　　）。

A. 部门核算　　B. 个人往来
C. 客户往来　　D. 供应商往来
E. 项目核算

四、不定项选择题

1. 财政部将会计电算化知识培训划分的层次有（　　）。

A. 初级培训　　B. 高级培训

C. 中级培训　　D. 自主培训
E. 软件公司培训

2. 在会计电算化系统中，一定不会产生的会计差错是（　　）。
A. 账证不符　　B. 试算不平衡
C. 账实不符　　D. 账账不符
E. 错误凭证被审核通过

3. 在管理一体化会计电算化软件中，通过系统自动向账务系统传递记账凭证的系统有（　　）。
A. 销售管理系统　　B. 采购管理系统
C. 生产管理系统　　D. 存货管理系统
E. 报表系统

4. 在会计电算化系统中，与手工环境下的“建账”工作环节功能相似的模块是（　　）。
A. 初始化设置　　B. 日常处理
C. 月末处理　　D. 系统分析
E. 概要设计

5. 下列会计电算化操作，属于总账系统日常处理功能的有（　　）。
A. 期初余额录入　　B. 凭证录入
C. 凭证查询　　D. 账簿查询
E. 编制报表

6. 商品化会计电算化软件的通用性是指（　　）。
A. 适应某一单位不同时期会计工作
B. 满足一个行业不同单位会计工作
C. 满足不同行业、不同记账方法企业核算需求
D. 满足所有企事业单位的任何需求
E. 可以满足一个企业会计核算的任何个性化需求

7. 下列各项中，属于总账系统期末处理的是（　　）。
A. 汇兑损益计算　　B. 损益结转
C. 月末结账　　D. 资产盘点
E. 业绩考核

8. 在企业 ERP 系统中，下列功能模块不属于会计信息子系统的是（　　）。
A. 生产计划管理系统　　B. 应收账款管理系统
C. 工资核算系统　　D. 应付账款管理系统
E. 客户关系管理系统

9. 企业成功实施会计电算化以后，下列（　　）工作是保障会计电算化工作顺利进行的最重要一环。
A. 建立健全各种规章制度　　B. 升级会计软件
C. 始终坚持手工记账　　D. 多种会计软件并用
E. 防止黑客攻击

10. 在会计电算化系统中，增加会计科目时输入的内容包括（　　）。

A. 科目编码　　B. 科目名称
C. 账簿格式　　D. 辅助账标记
E. 余额方向

五、判断题

1. 我国会计电算化所需的人才主要依靠会计软件开发经销单位的售后培训来解决。（　）
2. 中国境内各单位使用的会计电算化核算软件，应当符合《会计核算软件基本功能规范》的基本要求。（　）
3. 手工会计与会计电算化系统在信息系统的基本功能方面不一致。（　）
4. 会计电算化方式下，内部控制不如手工核算会计严密。（　）
5. 管理信息系统是会计信息系统的一个子系统。（　）
6. 健全会计电算化管理制度是采用计算机代替手工记账的必备条件。（　）
7. 开展会计电算化工作是促进会计基础工作规范化和提高经济效益的重要手段。（　）
8. 手工会计与会计电算化计算机账务处理程序完全一样。（　）
9. 对“总账系统”期末一些常见业务，如结转损益科目，可利用系统提供的自定义转账功能。（　）
10. 如果 1 月份启用会计电算化账务系统，则录入期初余额时只需将上年的年末余额录入到“期初余额”栏。（　）

六、简答题

1. 简述 ERP 会计电算化系统的特点与优势。
2. 会计电算化系统与手工会计核算的主要区别在哪里？
3. 简述单位实施会计电算化的基本步骤。
4. 简述会计监督职能在会计电算化系统中如何实现。
5. 简述现代会计信息系统的构成。
6. 会计信息化中将会计核算与其他经营管理活动有机结合是什么涵义？

会计学基础模拟试卷一

一、单项选择题（四个备选项中只有一个是符合题目要求的。本大题共 20 小题，每小题 1 分，共 20 分）

1. 下列会计要素中反映企业财务状况的要素是（　　）。
A. 资产　　B. 收入
C. 费用　　D. 利润

2. “资产 = 负债 + 所有者权益”不是（　　）。
A. 设置账户的理论依据　　B. 复式记账的理论依据
C. 编制资产负债表的理论依据　　D. 编制利润表的理论依据

3. 在下列会计核算的基本前提中，确定了会计核算空间范围的前提是（　　）。
A. 会计主体　　B. 持续经营
C. 会计分期　　D. 货币计量

4. 企业收到投资者货币资金投资一方面使“银行存款”增加，另一方面增加的是（　　）。
A.“资本公积”　　B.“实收资本”
C.“盈余公积”　　D.“长期借款”

5. 下列各项，原始凭证上一般所不具备的内容是（　　）。
A. 填制凭证日期　　B. 经济业务内容
C. 会计分录　　D. 有关人员签章

6. 企业从银行提取现金业务应填制的记账凭证是（　　）。
A. 收款凭证　　B. 付款凭证
C. 转账凭证　　D. 科目汇总表

7. 下列账户中，期末应将其本期发生额结转入“本年利润”账户借方的是（　　）。
A. 其他业务收入　　B. 制造费用
C. 其他业务成本　　D. 长期待摊费用

8. 若记账凭证上的会计科目用错并已登记入账，应采用的更正方法是（　　）。
A. 划线更正法　　B. 红字更正法
C. 补充登记法　　D. 实地盘点法

9. 下列各项，不属于会计账户的是（　　）。
A. 累计折旧　　B. 短期借款
C. 货币资金　　D. 应收账款

10. 下列会计科目中，属于企业损益类的是（　　）。
A. 盈余公积　　B. 固定资产

C. 制造费用　　D. 财务费用

11. 登记会计账簿的直接依据是（　　）。

A. 会计等式　　B. 原始凭证

C. 会计要素　　D. 记账凭证

12. 下列各项中不应计入材料采购成本的是（　　）。

A. 材料买价　　B. 运输费用

C. 进项税额　　D. 装卸费用

13. 在借贷记账法下，账户贷方反映的内容是（　　）。

A. 费用的增加额　　B. 所有者权益的减少额

C. 负债的减少额　　D. 收入的增加额

14. 资产类账户的期末余额计算公式是（　　）。

A. 期初借方余额＋本期借方发生额－本期贷方发生额

B. 期初贷方余额＋本期贷方发生额－本期借方发生额

C. 期初贷方余额＋本期借方发生额－本期贷方发生额

D. 期初借方余额＋本期贷方发生额－本期借方发生额

15. 下列会计科目属于负债类的是（　　）。

A. 应收账款　　B. 预付账款

C. 预收账款　　D. 其他应收款

16. 复式记账法对每一笔经济业务，都以相等的金额在（　　）中登记。

A. 两个或两个以上账户　　B. 两个账户

C. 三个账户　　D. 一个账户

17. 产品制造企业发生下列收入，属于其他业务收入的是（　　）。

A. 销售产品取得的收入　　B. 提供劳务取得的收入

C. 销售材料取得的收入　　D. 处置固定资产净收益

18. “累计折旧”账户的贷方发生额表示（　　）。

A. 折旧的增加额　　B. 折旧的减少数

C. 折旧的调整数　　D. 折旧的转销数

19. 对财产清查结果进行账务处理的主要目的是保证（　　）。

A. 账实相符　　B. 账表相符

C. 账证相符　　D. 账账相符

20. 反映企业经营成果的会计报表是（　　）。

A. 资产负债表　　B. 利润表

C. 利润分配表　　D. 现金流量表

二、多项选择题（五个备选项中至少有两个是符合题目要求的。本大题共 5 小题，每小题 2 分，共 10 分）

1. 在权责发生制下，属于本期费用的是（　　）。

A. 支付上月水电费　　B. 预付下年度财产保险费

C. 应付本月职工工资　　D. 计提本月短期借款利息

E. 上月预付应由本月负担的款项

2. 下列各项经济业务中，属于会计等式一边发生变化的是（　　）。

A. 用现金购买材料　　B. 从银行提取现金

C. 接受实物投资　　D. 将债务转为资本

E. 用现金偿付债务

3. 各种账务处理程序的相同之处在于（　　）。

A. 根据总账和明细账的记录编制财务报表

B. 根据记账凭证登记各种明细账

C. 根据记账凭证逐笔登记总账

D. 不填制记账凭证

E. 根据原始凭证编制汇总原始凭证（原始凭证汇总表）

4. 下列账户的明细分类账一般应采用三栏式格式的有（　　）。

A. “在途物资”　　B. “预收账款”

C. “应付账款”　　D. “应收账款”

E. “营业外支出”

5. 下列账户中，与“主营业务收入”账户存在对应关系的有（　　）。

A. “库存现金”　　B. “应收账款”

C. “预收账款”　　D. “本年利润”

E. “预付账款”

三、不定项选择题（五个备选项中至少有一个是符合题目要求的。本大题共 5 道小题，每小题 2 分，共 10 分）

1. 下列各项中，应确认为收入的有（　　）。

A. 从银行取得的借款　　B. 销售商品的货款

C. 客户预付的购货款　　D. 客户上月所欠的购货款

E. 投资者投入的货币资金

2. 在材料采购核算中，与“在途物资”账户相对应的账户有（　　）。

A. “应付账款”　　B. “预收账款”

C. “预付账款”　　D. “银行存款”

E. “原材料”

3. 职工出差的借款单、差旅费报销单、领料单等，按其填制方法属于（　　）。

A. 自制原始凭证　　B. 外来原始凭证

C. 一次凭证　　D. 累计凭证

E. 汇总凭证

4. 下列各项所产生的收入属于“其他业务收入”核算的有（　　）。

A. 利息收入　　B. 出售原材料收入

C. 投资收益　　D. 出租无形资产收入

E. 罚款收入

5. 下列各项不应计入产品成本的费用有（ ）。

A. 广告费　B. 生产工人工资及福利费

C. 车间设备折旧费　D. 厂部固定资产修理费

E. 厂部业务招待费

四、判断题（对的打“✓”，错的打“×”。本大题共 6 道小题，每小题 1 分，共 6 分）

1. 借、贷二字不仅是记账符号，其本身的含义也应考虑。（ ）

2. 企业购入材料而货款未付，该业务会引起资产与负债同时减少。（ ）

3. 进行财产清查时，如发现账存数小于实存数，即为盘盈。（ ）

4. “累计折旧”和“坏账准备”属于调整账户。（ ）

5. 根据借贷记账法的记账规则，每个账户本期借方发生额必定等于本期贷方发生额。（ ）

6. 未达账项会造成账实不符，并可能形成错账，因此要及时进行相应的账务调整。（ ）

五、名词解释（本大题共 3 小题，每小题 2 分，共 6 分）

1. 会计主体

2. 会计科目

3. 复式记账法

六、简答题（本大题共 2 小题，每小题 3 分，共 6 分）

1. 简述会计核算方法的内容及其相互关系。

2. 简述记账凭证包括的基本内容。

七、业务计算题（本大题共 3 小题，第一题 5 分，第二题 7 分，第三题 30 分，共 42 分）

1.【资料】2015 年 5 月末，A 公司银行存款日记账余额 472 000 元，银行对账单余额 664 500 元，经过核对发现以下未达账项：

（1）A 公司委托银行代收款项，甲企业偿还所欠 A 公司货款 15 000 元，银行已登记入账，企业因未收到银行的收款通知尚未登记入账；

（2）银行代 A 公司支付本月的水电费合计 3 500 元，银行已记账，企业尚未收到银行的付款通知而尚未记账；

（3）A 公司购买原材料共计 231 000 元，开出支票支付货款，持票人尚未到银行办理手续，银行尚未记账；

（4）A 公司销售产品获得支票一张，货款 50 000 元，已经记账，但银行尚未入账。

【要求】根据以上资料，完成银行存款余额调节表的编制。

银行存款余额调节表

2015 年 5 月　　　　单位：元

项目	金额	项目	金额
企业银行存款日记账余额	472 000	银行对账单余额	664 500
加：银行已收，企业未收	（1）	加：企业已收，银行未收	（2）
减：银行已付，企业未付	（3）	减：企业已付，银行未付	（4）
调节后存款余额	（5）	调节后存款余额	（5）

2.【资料】某企业 202×年 10 月份发生与产品生产有关的经济业务如下：

（1）甲产品期初在产品成本 9 000 元，乙产品期初无在产品。

（2）本月发生生产费用如下：甲产品直接材料费用 20 000 元，直接人工费用 13 000 元；乙产品直接材料费用 10 000 元，直接人工费用 6 500 元。制造费用总额 12 000 元。

（3）本月甲产品的生产工时为 8 000 小时，乙产品的生产工时为 4 000 小时。

（4）甲产品 100 件全部完工，乙产品 50 件全部未完工。

【要求】

（1）按甲、乙产品生产工时比例分配制造费用（写出计算过程）；

（2）计算甲产品的总成本和单位成本（写出计算过程）；

（3）编制结转完工入库产品实际生产成本的会计分录。

3.【资料】蓝天公司为增值税一般纳税企业，202×年 11 月份发生下列经济业务：

（1）2 日，销售给甲公司 A 产品 200 件，单位售价（不含增值税，下同）400 元；B 产品 150 件，单位售价 450 元。增值税销项税额共计 19 175 元。款项已收到，存入银行。

（2）7 日，以现金支付销售产品的运杂费 500 元。

（3）9 日，向乙公司发出 A 产品 300 件，单位售价 400 元，增值税销项税额 15 600 元。扣除订金后，向购货方收取余款，已存入银行（根据销货合同已预收乙公司购货订金 60 000 元）。

（4）12 日，出售一批不需用的原材料 10 000 元，增值税税率 13%，款项尚未收到。

（5）13 日，结转已售原材料的成本 6 500 元。

（6）14 日，生产车间业务员王某出差，预借差旅费 5 000 元，开出现金支票支付。

（7）15 日，以银行存款支付办公用品费 500 元。

（8）16 日，预提本月银行短期借款利息 2 000 元。

（9）20 日，用银行存款 5 000 元支付税收滞纳金罚款支出。

（10）21 日，生产车间业务员王某出差归来，报销差旅费 4 500 元，交回现金 500 元。

（11）25 日，结转本月销售 A、B 产品销售成本。A 产品单位成本为 285 元，B 产品单位成本为 270 元。

（12）30 日，计算应交城市建设维护税 2 500 元。

（13）30 日，企业收到违约金 500 元作为营业外收入。

（14）30 日，将有关损益类账户发生额结转到“本年利润”账户。

（15）30 日，按利润总额的 25% 计算并结转本月应交所得税（不考虑纳税调整问题）。

【要求】

（1）根据上述经济业务编制相关会计分录；

（2）根据资料，分别计算营业利润、利润总额、所得税费用和净利润等项目的金额。

会计学基础模拟试卷二

一、单项选择题（四个备选项中只有一个是符合题目要求的。本大题共 20 小题，每小题 1 分，共 20 分）

1. 社会再生产过程中以货币表现的经济活动是指（　　）。

A. 会计对象　　B. 会计目标

C. 会计职能　　D. 会计要素

2. 引起资产内部两个项目此增彼减而资产总额不变的经济业务是（　　）。

A. 用银行存款偿还借款　　B. 收到投资者货币投资

C. 收到外单位前欠货款　　D. 用银行存款支付投资者利润

3. 某一般纳税人企业购进材料一批，货款 70 000 元，增值税 9 100 元，对方代垫运杂费 500 元，则该笔业务“应付账款”的入账价值为（　　）元。

A. 79 600　　B. 70 500

C. 70 000　　D. 79 100

4. 资产、负债、所有者权益这三个会计要素反映的是企业（　　）。

A. 一定时期的财务状况　　B. 一定日期的财务状况

C. 一定时期的经营成果　　D. 一定日期的经营成果

5. 资产类账户的贷方登记（　　）。

A. 资产的增加　　B. 收入的增加

C. 费用的增加　　D. 资产的减少

6. 企业未分配利润属于（　　）。

A. 所有者权益　　B. 流动负债

C. 长期负债　　D. 资本公积

7. 下列项目中，不属于会计分录反映的内容是（　　）。

A. 应借应贷方向　　B. 应借应贷账户名称

C. 经济业务的金额　　D. 经济业务发生的时间

8. 按账户的经济内容分类，制造费用账户应属于（　　）。

A. 集合分配账户　　B. 费用类账户

C. 成本类账户　　D. 损益类账户

9. 在采用专用记账凭证的情况下，涉及现金与银行存款之间划转业务，按规定应编制（　　）。

A. 收款凭证　　B. 付款凭证

C. 转账凭证　　D. 通用记账凭证

10. 在登记账簿时，红色墨水不能用于（　　）。

A. 更正错账　　B. 记账

C. 结账　　D. 冲账

11. 按规定企业常设销售机构的开支应计入（　　）。

A. 管理费用　　B. 制造费用

C. 营业外支出　　D. 销售费用

12. 某企业月初甲产品在产品成本 1 400 元，本月发生生产费用 35 000 元，月末在产品成本 1 200 元，则本月甲产品的完工成本是（　　）元。

A. 35 000　　B. 35 200

C. 34 800　　D. 32 200

13. 下列税金中，不直接影响企业当期损益的是（　　）。

A. 教育费附加　　B. 消费税

C. 增值税　　D. 城市建设维护税

14. 直接根据记账凭证逐笔登记总分类账的会计核算形式是（　　）。

A. 日记总账核算形式　　B. 通用日记账核算形式

C. 多栏式日记账核算形式　　D. 记账凭证核算形式

15. 在总分类账户及其所属明细分类账户之间必须采用的登账方法是（　　）。

A. 复式记账　　B. 平行登记

C. 补充登记　　D. 试算平衡

16. 库存商品明细分类账的格式一般采用（　　）。

A. 三栏式　　B. 数量金额式

C. 借方多栏式　　D. 贷方多栏式

17. 一般来说，单位撤销、合并或改变隶属关系时，要进行（　　）。

A. 全面清查　　B. 局部清查

C. 实地盘存　　D. 技术推算

18. 存货日常收发计量上的误差、定额范围内的自然损耗，应记入的账户是（　　）账户。

A. 制造费用　　B. 营业外支出

C. 主营业务成本　　D. 管理费用

19. 某企业 12 月 1 日所有者权益为 1 000 万元，12 月份实现净利润 200 万元，提取盈余公积 20 万元，向投资者分配利润 50 万元。该企业 12 月 31 日所有者权益为（　　）万元。

A. 1 130　　B. 1 200

C. 1 150　　D. 1 220

20. 某工业企业本期营业利润为 100 万元，营业外收入为 30 万元，营业外支出为 15 万元，管理费用为 15 万元，投资收益为 30 万元，所得税费用为 25 万元。假设不考虑其他因素，该企业本期利润总额为（　　）万元。

A. 130　　B. 115

C. 105　　D. 110

二、多项选择题（五个备选项中至少有两个是符合题目要求的。本大题共 5 小题，每小题 2 分，共 10 分）

1. 产品成本项目包括（　　）。
   A. 直接材料　　B. 直接人工
   C. 制造费用　　D. 管理费用
   E. 财务费用
2. 下列可作为登记总账的依据是（　　）。
   A. 原始凭证　　B. 记账凭证
   C. 汇总记账凭证　　D. 外来凭证
   E. 科目汇总表
3. 在编制试算平衡表时，账户记录出现错误但又不影响借贷双方平衡的有（　　）。
   A. 某项业务在有关账户中全部被漏记
   B. 某项业务在有关账户中全部被重复记录
   C. 应借应贷账户相互颠倒
   D. 借、贷方账户都多记相同金额
   E. 借方账户比贷方账户多记金额
4. 领用材料的核算可能涉及的账户有（　　）账户。
   A. “在途物资”　　B. “原材料”
   C. “应付职工薪酬”　　D. “生产成本”
   E. “制造费用”
5. 数量金额式明细分类账的账页格式适用于（　　）。
   A. 库存商品　　B. 生产成本
   C. 应收账款　　D. 原材料
   E. 管理费用

三、不定项选择题（五个备选项中至少有一个是符合题目要求的。本大题共 5 小题，每小题 2 分，共 10 分）

1. 下列各项中，与管理费用属于同一类会计科目的是（　　）。
   A. 固定资产　　B. 利润分配
   C. 应付账款　　D. 投资收益
   E. 实收资本
2. 以下属于记账凭证账务处理程序优点的是（　　）。
   A. 容易理解，便于掌握
   B. 总分类账可较详细地记录经济业务发生情况
   C. 便于进行账户的试算平衡
   D. 减少了登记总分类账的工作量
   E. 适用于规模大、业务量多的企业

3. 下列各项中属于一级科目的是（　　）。

A. 未分配利润　　B. 应交所得税

C. 投入资本　　D. 在途物资

E. 应付账款

4. 期末损益类账户结转时，“本年利润”账户贷方的对应账户分别是（　　）。

A. 主营业务收入　　B. 主营业务成本

C. 其他业务收入　　D. 税金及附加

E. 管理费用

5. 若一笔经济业务发生后引起银行存款减少 10 000 元，则相应地有可能引起（　　）。

A. 应交税费增加 10 000 元　　B. 长期待摊费用增加 10 000 元

C. 长期借款减少 10 000 元　　D. 长期待摊费用减少 10 000 元

E. 短期借款增加 10 000 元

四、判断题（对的打“√”，错的打“×”。本大题共 6 小题，每小题 1 分，共 6 分）

1. 货币计量假设包含着币值稳定的假设。（　　）
2. 在实务中，一般对以融资租赁方式获得的资产入账时可以采用现值作为计量基础。（　　）
3. “累计折旧”账户是资产类账户，所以计提折旧应当记入该账户的借方。（　　）
4. 为了保证账户对应关系的清晰性，一般不宜编制一借多贷和一贷多借的复合会计分录。（　　）
5. 计提生产车间固定资产折旧应记入“生产成本”账户。（　　）
6. “本年利润”账户和“利润分配”账户在年终清算后均无余额。（　　）

五、名词解释（本大题共 3 小题，每小题 2 分，共 6 分）

1. 会计基本程序
2. 账户
3. 现金流量表

六、简答题（本大题共 2 小题，每小题 3 分，共 6 分）

1. “借贷记账法”编制会计分录的步骤有哪些？
2. 简述账务处理程序的概念和常用种类。

七、业务计算题（本大题共 3 小题，第一题 5 分，第二题 7 分，第三题 30 分，共 42 分）

1. 【资料】鸿运公司 2015 年 7 月 31 日的资产负债表显示资产总计 375 000 元，负债总计 112 000 元。该公司 2015 年 8 月份发生如下经济业务：

①用银行存款购入全新机器一台，价值30 000元。

②投资者投入原材料，价值10 000元。

③以银行存款偿还所欠供应单位账款5 000元。

④收到购货单位所欠账款8 000元，存入银行。

⑤将一笔长期借款50 000元转化为对企业的投资。

⑥按规定将20 000元资本公积转增资本金。

【要求】

（1）根据2015年8月份发生的经济业务，分析说明对会计要素的影响。

（2）计算2015年8月末鸿运公司的资产总额、负债总额和所有者权益总额。

2.【资料】某企业202×年6月份发生的部分经济业务如下（“库存商品”“生产成本”账户开设明细账户）：

（1）A产品月初在产品成本为7 200元，B产品无月初在产品成本。A、B两种产品本月生产费用如下表：

成本项目	A产品（3 600件）	B产品（2 400件）
直接材料费	50 400（元）	31 200（元）
直接人工费	15 600（元）	11 280（元）
制造费用	9 600（元）	5 520（元）

A、B两种产品全部生产完工并验收入库。

（2）将本月生产的A产品2 000件、B产品1 500件向M公司出售，销售收入共117 500元，增值税15 275元，货款及增值税已于上月预收（A、B产品成本资料见上表）。

（3）本月共发生主营业务收入120 000元，主营业务成本82 000元，财务费用475元，销售费用2 000元，税金及附加125元，营业外支出1 000元，营业外收入5 600元，应纳税所得额与本月利润总额一致。

【要求】

（1）编制A、B两种产品完工入库的会计分录。

（2）编制销售产品及结转已销产品成本的会计分录。

（3）按25%的所得税税率计算本月应交所得税并编制应交所得税的会计分录。

3.【资料】某公司（一般纳税人）202×年10月发生如下经济业务：

（1）向A公司购进甲材料一批，货款40 000元，增值税5 200元，A公司代垫运杂费1 000元，材料已验收入库，货款及代垫运杂费尚未支付。

（2）财务科张华出差预借差旅费2 000元，以现金支付。

（3）向C公司销售丁产品一批，价款200 000元，增值税26 000元，款项尚未收到。

（4）以银行存款支付生产车间水电费2 800元，广告费6 800元，罚款支出2 000元。

（5）张华出差回来报销差旅费2 400元，另补付现金400元。

（6）偿还已到期的短期借款本息 106 000 元，其中本金 100 000 元，利息 6 000 元（已预提）。

（7）购入设备一台，以银行存款支付买价 35 800 元，增值税 4 654 元，设备已交付使用。

（8）以银行存款预付下年度财产保险费 3 600 元。

（9）财产清查发现盘亏设备一台，原值 15 000 元，已提折旧 8 000 元。

（10）计提生产车间设备折旧费 1 500 元。

（11）根据发料凭证汇总表，本月生产产品耗用材料 55 000 元，车间一般耗用材料 14 000 元，管理部门耗用材料 3 000 元。

（12）计算结转本月应付职工工资：生产工人工资 10 470 元，车间管理人员工资 3 825 元，企业管理人员工资 4 200 元。

（13）按工资总额的 14% 计提职工福利费。

（14）结转本月已售产品的生产成本 160 000 元。

（15）按税后利润 10% 提取法定盈余公积 28 000 元。

【要求】根据以上经济业务编制会计分录。

会计学基础模拟试卷三

一、单项选择题（四个备选项中只有一个是符合题目要求的。本大题共 20 小题，每小题 1 分，共 20 分）

1. 如果某一经济业务有多种处理方法可供选择时，应采取不导致夸大资产、虚增利润的方法，是（　　）。

A. 客观性原则的要求　　B. 明晰性原则的要求
C. 相关性原则的要求　　D. 谨慎性原则的要求

2. 下列经济业务中，（　　）不会发生。

A. 资产增加，权益增加　　B. 资产减少，权益增加
C. 权益不变，资产有增有减　　D. 资产不变，权益有增有减

3. 某企业“预收账款”账户期初贷方余额为 50 000 元，本期借方发生额 30 000 元，贷方发生额 40 000 元，则该账户的期末贷方余额为（　　）。

A. 40 000 元　　B. 50 000 元
C. 60 000 元　　D. 70 000 元

4. 下列公式中不正确的是（　　）。

A. 资产 + 负债 = 所有者权益　　B. 收入 - 费用 = 利润
C. 利润总额 - 所得税 = 净利润　　D. 资产 = 负债 + 所有者权益

5. 账户的期末余额一般在（　　）。

A. 增加额这一方　　B. 减少额这一方
C. 借方　　D. 贷方

6. 记账凭证核算形式登记总分类账的依据是（　　）。

A. 原始凭证　　B. 记账凭证
C. 多栏式日记账　　D. 科目汇总表

7. 向投资者分配利润会影响下列会计要素（　　）。

A. 收入　　B. 利润
C. 所有者权益　　D. 费用

8. 下列账户应按单位或个人设置明细账的是（　　）。

A. 库存商品　　B. 本年利润
C. 主营业务成本　　D. 应收账款

9. 下列项目中，不属于企业流动负债的是（　　）。

A. 应付票据　　B. 应付账款
C. 长期借款　　D. 应付利润

10. 下列各项中，不属于原始凭证的是（　　）。

A. 增值税发票　　B. 差旅费报销单
C. 现金收据　　D. 银行存款余额调节表

11. 对于资产类账户，下列提法正确的是（　　）。

A. 借方登记减少数　　B. 贷方登记增加数

C. 余额一般在借方　　D. 余额一般在贷方

12. 下列项目中，不应记入“财务费用”账户的是（　　）。

A. 利息支出　　B. 汇兑损失

C. 支付金融机构手续费　　D. 财务会计人员工资

13. 下列适用于以实地盘点法进行清查的是（　　）。

A. 应收账款　　B. 银行存款

C. 实收资本　　D. 固定资产

14. 会计人员在结账前发现，在根据记账凭证登记入账时，误将 800 元写成 8 000 元，而记账凭证无误，应采用（　　）进行更正。

A. 补充登记法　　B. 划线更正法

C. 红字更正法　　D. 横线登记法

15. 下列资产项目中，流动性最好的是（　　）。

A. 交易性金融资产　　B. 预付账款

C. 存货　　D. 长期待摊费用

16. 销售产品一批，部分货款收回，部分货款对方暂欠，应同时填列（　　）。

A. 收款凭证和付款凭证　　B. 两张转账凭证

C. 付款凭证和转账凭证　　D. 收款凭证和转账凭证

17. 科目汇总表账务处理程序（　　）。

A. 加大了登记总账的工作量　　B. 便于查对账目

C. 不便于查对账目　　D. 适用于经济业务量很少的单位

18. 对于未达账项，进行账务处理的时间是（　　）。

A. 收到银行转来对账单　　B. 银行存款余额调节表编制完毕

C. 待收到相关的原始凭证　　D. 银行存款余额调节表编制前

19. 年末结转后，“利润分配”账户的贷方余额表示（　　）。

A. 未分配利润　　B. 净利润

C. 未弥补亏损　　D. 利润总额

20. 资产负债表和现金流量表同属于（　　）。

A. 对内报表　　B. 经营成果报表

C. 成本费用报表　　D. 对外报表

二、多项选择题（四个备选项中至少有两个是符合题目要求的。本大题共 5 小题，每小题 2 分，共 10 分）

1. 经济业务引起资产和权益发生变化，可能出现的情况有（　　）。

A. 资产和权益同时增加

B. 资产和权益同时减少

C. 资产和权益一个增加，另一个减少

D. 一项资产增加，另一项资产减少

E. 一项权益增加，另一项权益减少

2. 月末结转后无余额的账户有（　　）。

A.“主营业务收入”账户　　B.“主营业务成本”账户

C.“营业外支出”账户　　D.“财务费用”账户

E.“累计折旧”账户

3. 关于“制造费用”账户，下列说法正确的是（　　）。

A. 借方登记实际发生的各项制造费用

B. 贷方登记分配转入产品成本的制造费用

C. 期末余额在借方，表示在产品的制造费用

D. 期末结转“本年利润”账户后没有余额

E. 期末一般没有余额

4. 限额领料单同时属于（　　）。

A. 原始凭证　　B. 记账凭证

C. 累计凭证　　D. 一次凭证

E. 自制凭证

5. 下列账户之间可能形成对应关系的有（　　）。

A.“本年利润”与“利润分配”

B.“财务费用”与“管理费用”

C.“实收资本”与“银行存款”

D.“制造费用”与“原材料”

E.“库存商品”与“生产成本”

三、不定项选择题（五个备选项中至少有一个是符合题目要求的。本大题共 5 小题，每小题 2 分，共 10 分）

1. 甲公司 202×年 1 月 1 日，借入三个月到期的借款 1 000 万元，年利率为 6%，3 月 31 日到期时一次还本付息。按照权责发生制原则，202×年 3 月 31 日甲公司还本付息时，应编制的会计分录中可能涉及的应借应贷账户及相应金额是（　　）。

A. 借记“短期借款”账户 1 000 万元

B. 借记“财务费用”账户 5 万元

C. 借记“应付利息”账户 10 万元

D. 贷记“银行存款”账户 1 015 万元

E. 借记“银行存款”账户 1 015 万元

2. 下列各项中，应当计入固定资产取得成本的有（　　）。

A. 支付的买价　　B. 支付的进口关税

C. 运输装卸费用　　D. 专业人员服务费用

E. 支付的进项增值税

3. 对于盘亏、毁损的存货，经批准后进行财务处理时，可能涉及的账户有（　　）。

A. 管理费用　　B. 原材料

C. 其他应收款　　D. 营业外支出

E. 待处理财产损溢

4. 下列各项中，影响营业利润的项目有（　　）。

A. 已销商品成本　　B. 原材料销售收入

C. 出售固定资产净收益　　D. 销售商品取得的收入

E. 出售固定资产净损失

5. 下列账户中，与“本年利润”账户无对应关系的账户是（　　）。

A.“制造费用”　　B.“主营业务收入”

C.“管理费用”　　D.“财务费用”

E.“主营业务成本”

四、判断题（对的打“√”，错的打“×”。本大题共 6 小题，每小题 1 分，共 6 分）

1. 会计凭证传递是指从原始凭证的填制或取得起，到会计凭证归档保管止，在财会部门内部按规定的路线进行传递和处理的程序。（　　）

2. 凡是只进行金额核算的明细分类账户都应采用三栏式的账页格式。（　　）

3. 科目汇总表可以反映账户之间的对应关系，但不能起到试算平衡的作用。（　　）

4. 对于未达账项应编制银行存款余额调节表进行调节，同时将未达账项编制记账凭证调整入账。（　　）

5. 资产负债表中“固定资产”项目，应根据“固定资产”账户余额减去“累计折旧”“固定资产减值准备”等账户的期末余额后的金额填制。（　　）

6. 财务报表附注是对在资产负债表、利润表、现金流量表和所有者权益变动表等报表中未能列示项目的说明。（　　）

五、名词解释（本大题共 3 小题，每小题 2 分，共 6 分）

1. 经济业务

2. 会计凭证

3. 财产清查

六、简答题（本大题共 2 小题，每小题 3 分，共 6 分）

1. 简述账户和会计科目的区别与联系。

2. 简述会计账簿的意义。

七、业务计算题（本大题共 3 小题，第一题 5 分，第二题 7 分，第三题 30 分，共 42 分）

1.【资料】甲公司于 2015 年 1 月 1 日向银行借入一笔生产经营用短期借款，共计 600 000 元，期限为 9 个月，年利率为 5%。根据与银行签署的借款协议，该项借款的本金到期后一次归还；利息分月预提，按季支付。

【要求】

（1）编制甲公司借入短期借款的会计分录；

（2）计算甲公司按月计提利息的金额；

（3）编制甲公司1月末计提利息的会计分录；

（4）编制甲公司3月末支付第一季度银行借款利息的会计分录；

（5）编制甲公司9月末偿还借款本金及第三季度银行借款利息的会计分录。

2.【资料】某工厂生产A、B两种产品，202×年10月份“生产成本”账户及其所属明细账户月初余额资料如下：

期初在产品成本资料　　单位：元

产品名称	直接材料	工资及福利费	制造费用	合计
A	4 500	3 800	1 200	9 500
B	10 000	9 600	6 000	25 600
合计	14 500	13 400	7 200	35 100

本月发生的生产费用如下：

（1）从仓库领用材料32 400元。其中：A产品耗用10 000元，B产品耗用20 000元，车间一般耗用2 400元。

（2）本月应付职工工资如下：A产品生产工人工资18 000元，B产品生产工人工资32 000元，车间管理人员工资8 000元。

（3）按各自工资总额的14%计提职工福利费。

（4）用银行存款支付车间办公费1 000元，水电费880元。

（5）摊销应由本月负担的车间设备租金1 000元。

（6）计提车间用设备折旧1 600元。

（7）将本月发生的制造费用按生产工人的工资比例分配计入A、B产品制造成本。

（8）生产的A、B产品本月全部完工，已验收入库。

【要求】

（1）列示分配制造费用的计算过程。

（2）编制A、B产品生产成本计算单，填入下表内。

完工产品成本计算单　　单位：元

产品名称	直接材料	工资及福利费	制造费用	合计
A				
B				
合计				

3.【资料】某企业某月发生的部分经济业务如下：

（1）企业向群星公司购入A材料一批，价款20 000元，增值税2 600元。货款及税款尚未支付，材料尚未入库。

（2）企业用现金800元支付购买上述A材料的运输费、保险费。

（3）A材料验收入库，结转其实际采购成本。

（4）结转本期已售产品的生产成本24 000元。

（5）计算本期的应交城市建设维护税4 500元。

（6）用银行存款支付 6 000 元罚款。

（7）行政管理部门本月发生电话费 500 元，用现金付讫。

（8）以银行存款支付本季度短期借款利息 900 元，其中已预提利息费用 600 元。

（9）用银行存款 10 000 元预付下一年度报刊费。

（10）向希望工程捐款 5 000 元，用银行存款支付。

（11）结转本期各项收入，其中主营业务收入 66 0 000 元，营业外收入 400 元。

（12）结转本期各项成本费用，其中已售产品成本 280 000 元，税金及附加 6 000 元，管理费用 5 000 元，销售费用 7 000 元，财务费用 900 元，营业外支出 20 000 元。

（13）本期应纳税所得额为 70 000 元，按 25% 计提所得税。

（14）提取本期法定盈余公积金 6 000 元。

（15）经董事会决定分配给投资者利润 20 000 元。

【要求】采用借贷记账法编制会计分录。

KUAIJIXUE JICHU JIAOCHENG XITIJI

第二部分

参考答案

第一章 总论

一、名词解释

1. 会计：是以货币为主要计量单位，采用专门的方法和程序，收集、处理和利用经济信息，对经济活动进行计量、记录、汇总、分析和检查，实行监督，旨在实现最佳经济效益的一个经济信息系统。

2. 会计目标：是指一定时空条件下，会计信息系统在运行过程中应达到的境地和标准。

3. 会计职能：是指会计作为经济管理工作所具有的功能或能够发挥的作用。

4. 会计核算：是利用价值形式对经济活动进行确认、计量、记录并进行客观报告的工作。

5. 会计监督：就是通过预测、决策、控制、分析、考评等具体方法，促使经济活动按照规定的要求运行，以达到预期的目的。

6. 会计对象：是指会计所反映和监督的具体内容，即会计的客体。

7. 会计假设：是指对未被确切认识的存在不确定性的会计业务，根据客观的正常情况或趋势所作的合乎事理的判断，形成的一系列构成会计思想基础的公理。

8. 会计主体假设：是指从事经济活动并需要对此进行核算和定期报告的特定单位。

9. 持续经营假设：是指会计核算应当以企业持续、正常的生产经营为前提。

10. 会计分期假设：是指会计核算应当划分会计期间、分期结算账目并定期编制财务报表。

11. 货币计量假设：是指会计主体在会计核算过程中以货币作为综合的计量单位，反映企业的财务状况、经营成果和现金流转情况。

12. 会计一般原则：是对会计核算提供信息的基本要求，是处理具体会计业务的基本依据，是在会计核算前提条件制约下，进行会计核算的标准和质量要求。

13. 客观性原则：又称真实性原则，是指企业应当以实际发生的交易或者事项为依据进行会计确认、计量和报告，如实反映符合确认和计量要求的各项会计要素及其相关信息，保证会计信息真实可靠、内容完整。

14. 相关性原则：又称有用性原则，是指企业提供的会计信息应当与财务会计报告使用者的经济决策需要相关，有助于财务会计报告使用者对企业过去、现在或未来的情况作出评价或者预测。

15. 明晰性原则：又称可理解性原则，是指企业提供的会计信息应当清晰明了，便于财务会计报告使用者理解和使用。

16. 实质重于形式原则：是指企业应当按照交易或者事项的经济实质进行会计确认、计量和报告，不应仅以交易或者事项的法律形式为依据。

17. 重要性原则：是指企业提供的会计信息应当反映与企业财务状况、经营成果和现金流量等有关的所有重要交易或者事项。

18. 谨慎性原则：又称稳健性原则，是指企业对交易或者事项进行会计确认、计量和报告应当保持应有的谨慎，不应高估资产或收益、低估负债或费用。

19. 及时性原则：是指企业对于已经发生的交易或者事项，应当及时进行会计确认、计量和报告，不得提前或者延后。

20. 权责发生制：又称应计制，是指对各项收入和费用的确认应当以“实际发生”（归属期）而不是以款项的实际收付作为入账的基础。

21. 收付实现制：又称现金制，是指以款项的实际收到或付出的日期作为会计核算的依据。

22. 会计基本程序：是指会计信息系统在加工数据并形成最终会计信息的过程中所特有的步骤，包括会计确认、计量、记录与报告等环节。

23. 会计确认：是把某个项目作为企业的会计要素加以正式的记录或列入最终财务报表之中的过程。

24. 会计计量：就是对符合会计要素定义的项目予以货币量化。

25. 会计记录：是对经过确认而进入会计信息系统的各项数据，通过预先设置好的各种账户，运用一定的文字与金额，按照复式记账的有关要求在账簿中进行记录的过程。

26. 会计方法：是用来反映和监督会计事项、执行和完成会计任务的各种技术手段。

27. 会计核算方法：是对会计对象进行完整的、连续的、系统的反映和监督所应用的方法。

28. 会计准则：是反映经济活动、确认产权关系、规范收益分配的会计技术标准，是生成和提供会计信息的重要依据，也是政府调控经济活动、规范经济秩序和开展国际经济交往等的重要手段。

二、单项选择题

1. D	2. B	3. B	4. C	5. A
6. A	7. C	8. D	9. A	10. C
11. C	12. B	13. B	14. D	15. D
16. D	17. C	18. A	19. D	20. B
21. C	22. D	23. D	24. C	25. C
26. B				

三、多项选择题

1. AB	2. ABDE	3. ADE	4. ABCE	5. BD
6. CDE	7. ABDE	8. ACE	9. ABD	10. AD
11. BCE	12. BD	13. AD	14. ABD	15. ACD
16. ABCDE	17. BDE	18. BCD		

四、不定项选择题

1. AC　　2. C　　3. ABC　　4. ACDE　　5. C
6. ABCD

五、判断题

1. ×　　2. √　　3. √　　4. ×　　5. √
6. √　　7. ×　　8. √　　9. ×　　10. ×
11. √　　12. ×　　13. √　　14. ×　　15. √

六、简答题

1. 简述会计核算职能的基本特点。

会计核算职能的基本特点是：

（1）会计核算主要从价值量上反映各单位的经济活动状况。从数量方面反映经济活动，可以采用三种量度：货币量度、实物量度和劳动量度。在市场经济条件下，只有把千差万别的具体经济活动统一转化为可汇总的价值形式，并通过一定程序进行加工处理后定期公开信息，才能使人们对经济活动的全过程及其结果有一个清晰完整的认识。因此，会计核算从数量上反映各单位的经济活动状况，是以货币量度为主，以实物量度和劳动量度作为辅助量度。

（2）会计核算具有完整性、连续性和系统性。会计核算的完整性、连续性和系统性，是会计资料完整性、连续性和系统性的保证。完整性是指对所有的会计对象都要进行计量、记录、报告，不能有任何遗漏；连续性是指对会计对象的计量、记录、报告要连续进行，而不能有任何中断；系统性是指要采用科学的核算方法对会计信息进行加工处理，保证所提供的会计数据资料能够成为一个有序的整体，从而可以揭示客观经济活动的规律。

（3）会计核算不仅要记录已发生的经济业务，还应面向未来，为各单位的经营决策和管理控制提供依据。

2. 简述会计监督职能的基本特点。

会计监督职能的基本特点是：

（1）会计监督主要是通过价值指标来进行的。会计监督借助于会计核算提供的价值指标，及时、客观地引导并控制经济活动的过程及其结果。为了便于监督，有时还需要事先制定一些可供检查、分析用的价值指标，用来控制和监督有关经济活动，以避免出现大的偏差。会计监督运用价值指标可以全面、及时、有效地控制各个单位的经济活动。

（2）会计监督既有事后监督，又有事中监督和事前监督。会计的事后监督是对已经发生或已经完成的经济业务和核算资料进行合规性、合法性检查，这是会计监督最基本的内容。事中监督是对正在发生的经济活动过程及取得的核算资料进行审查，并以此纠正经济活动进程中的偏差及失误，使其按照预定的目的及规定的要求进行，发挥控制经济活动进程的作用。事前监督是在经济活动开始前进行的监督，即审查未来的经济活动是否符合有关法令、政策的规定，是否符合市场经济规律的要求，在经济上是否可行。

3. 简述会计核算与会计监督的相互关系。

会计核算与会计监督的相互关系为：

会计的核算职能和监督职能是不可分割的，二者的关系是辩证统一的。会计核算是会计监督的基础，没有会计核算提供的经济信息，会计监督就没有真实可靠的依据；会计监督是会计核算的延伸，如果只有核算而不进行严格的监督，则所提供的经济信息也不能在经济管理中发挥应有的作用。在实际工作中，核算和监督往往是结合在一起进行的。

4. 会计确认的标准是什么？

会计确认应按以下标准进行：①可定义性。应予以确认的项目必须符合某个会计要素的定义。②可计量性。应予以确认的项目应具有相关并充分可靠的可计量属性。③相关性。项目的有关信息应能够在使用者的决策中产生差别。④可靠性。信息应如实反映、可验证和不偏不倚。

5. 简述会计核算方法的内容及其相互关系。

会计核算方法是对会计对象进行完整的、连续的、系统的反映和监督所应用的方法。主要包括：①设置账户；②复式记账；③填制和审核凭证；④登记账簿；⑤成本计算；⑥财产清查；⑦编制财务报表。上述会计核算的各种方法，是一个完整的会计核算方法体系，在核算过程中是相互联系、密切配合的。一般核算步骤是以货币形式对各项经济业务进行确认为起点，通过填制和审核凭证，记录、核算各项经济业务，然后在设置的账户中采用复式记账的方法登记账簿，对生产经营过程中发生的各项费用应当进行成本计算，对于账簿记录通过财产清查加以核实，最终在财产清查的基础上根据账簿记录编制财务报表。需要说明的是，上述各种方法又是交叉使用的。

七、业务计算题

练习一

单位：元

业务编号	权责发生制		收付实现制	
	收入	费用	收入	费用
(1)				6 000
(2)			10 000	
(3)			2 000	
(4)			20 000	
(5)	20 000	1 000		
合计	20 000	1 000	32 000	6 000

练习二

单位：元

经济业务	权责发生制		收付实现制	
	收入	费用	收入	费用
（1）	70 000		30 000	
（2）			800	
（3）		900		900
（4）	1 900			
（5）				18 000
（6）				500
（7）			26 000	
（8）		500		
（9）	18 000			
（10）		1 200		
合计	89 900	2 600	56 800	19 400

（1）权责发生制：收入 = 70 000 + 1 900 + 18 000 = 89 900（元）

费用 = 900 + 500 + 1 200 = 2 600（元）

（2）收付实现制：收入 = 30 000 + 800 + 26 000 = 56 800（元）

费用 = 900 + 18 000 + 500 = 19 400（元）

第二章 会计要素与会计等式

一、名词解释

1. 会计要素：是指将会计对象按照其经济特征所做的分类，也就是对会计事项所引起的变化项目加以适当归类，并为每一类别取一个名称。

2. 资产：是指企业过去的交易或者事项形成的、由企业拥有或者控制的、预期会给企业带来经济利益的资源。

3. 负债：是指企业过去的交易或者事项形成的、预期会导致经济利益流出企业的现时义务。

4. 所有者权益：是指企业资产扣除负债后由所有者享有的剩余权益。公司的所有者权益又称为股东权益。

5. 收入：是指企业在日常活动中形成的、会导致所有者权益增加的、与所有者投入资本无关的经济利益的总流入。收入不包括为第三方或者客户代收的款项。

6. 费用：是指企业在日常活动中发生的、会导致所有者权益减少的、与向所有者分配利润无关的经济利益的总流出。

7. 利润：是指企业在一定会计期间的经营成果。利润包括收入减去费用后的净额、直接计入当期利润的利得和损失等。

8. 会计等式：是揭示会计要素之间内在联系的数学表达式，又称为会计恒等式或会计方程式。

9. 经济业务：是指会计上将发生于企业生产经营过程中，引起会计要素增减变化的事项，又称会计事项。

二、单项选择题

1. A	2. A	3. C	4. A	5. B
6. D	7. D	8. D	9. B	10. C
11. B	12. D	13. A	14. A	15. B
16. C	17. B	18. D	19. B	20. B
21. C	22. C	23. B	24. C	25. B
26. B	27. A	28. C	29. D	30. A
31. D				

三、多项选择题

1. ACE	2. ABC	3. CDE	4. BCD	5. ADE
6. BD	7. ABCE	8. ABCDE	9. ABCD	10. ABC
11. ABD	12. DE	13. BD	14. ACE	15. ABCDE
16. ABC	17. ABE	18. BC		

四、不定项选择题

1. B	2. B	3. BCD	4. C	5. B
6. BD	7. C	8. B	9. ACE	

五、判断题

1. √	2. √	3. ×	4. ×	5. ×
6. ×	7. √			

六、简答题

1. 简述资产的主要特征和确认条件。

资产的主要特征有：①资产是由企业过去的交易或者事项所形成的；②资产必须是企业拥有或控制的；③资产必须是能给企业带来经济利益的资源。

符合资产定义的资源，在同时满足以下条件时，确认为资产：①与该资源有关的经济利益很可能流入企业；②该资源的成本或者价值能够可靠地计量。符合资产定义和资产确认条件的项目，应当列入资产负债表；符合资产定义、但不符合资产确认条件的项目，不应当列入资产负债表。

2. 简述负债的主要特征和确认条件。

负债的主要特征有：①负债是企业的现时义务；②清偿负债会导致企业未来经济利益的流出。

符合负债定义的义务，在同时满足以下条件时，确认为负债：①与该义务有关的经济利益很可能流出企业；②未来流出的经济利益的金额能够可靠地计量。符合负债定义和负债确认条件的项目，应当列入资产负债表；符合负债定义、但不符合负债确认条件的项目，不应当列入资产负债表。

3. 简述所有者权益的主要特征和构成内容。

所有者权益的主要特征有：①所有者权益是一种剩余权益，从数量上讲是企业全部资产减去全部负债后的余额；②所有者权益所代表的资产可供企业长期使用，所有者除依法转让其投资外，不得以任何形式抽回投资；③所有者以其出资额享有获取企业利润的权利，但与此同时，也以出资额承担企业的经营风险。所有者权益的来源包括所有者投入的资本、直接计入所有者权益的利得和损失、留存收益等。

4. 简述收入的主要特征和确认条件。

收入的主要特征有：①收入从企业的日常活动中产生，而不是从偶发的交易或事项中产生；②收入是与所有者投入资本无关的经济利益总流入；③收入必然能导致企业所有者权益的增加。

收入的确认条件：收入应当在企业履行了合同中的履约义务，即客户取得相关商品或服务控制权时确认。企业与客户之间的合同同时满足下列条件时，企业应当在客户取得相关商品或服务控制权时确认收入：①合同各方已批准该合同并承诺将履行各自义务；②该合同明确了合同各方与所转让商品或提供服务相关的权利和义务；③该合同有明确的与所转让商品或提供服务相关的支付条款；④该合同具有商业实质，即履行该合同将改变企业未来现金流量的风险、时间分布或金额；⑤企业因向客户转让商品或提供服务而有权取得的对价很可能收回。

5. 简述费用的主要特征和确认条件。

费用的主要特征有：①费用表现为企业经济利益的流出，或者说是企业收入的一种扣除；②费用必须是指已经发生或已经成为事实的日常活动所导致的经济利益流出和为生产产品、提供劳务而发生的耗费。

费用只有在经济利益很可能流出从而导致企业资产减少或者负债增加、且经济利益的流出额能够可靠计量时才能予以确认。

七、业务计算题

练习一

该企业6月30日：

资产=1 200 000+400 000+400 000+400 000+100 000+50 000+50 000+1 000+99 000+2 000+1 000+7 000+5 000+5 000=2 720 000（元）

负债=30 000+20 000+75 000+15 000+20 000=160 000（元）

所有者权益=2 560 000（元）

练习二

经济业务的发生，对资产、负债和所有者权益三个会计要素增减变动的具体影响如下：

（1）这笔经济业务使企业的资产（银行存款）增加30 000元，同时使企业的负债（短期借款）增加30 000元，资产和负债同时增加30 000元，双方总额均发生等金额变动，会计等式仍保持平衡。

（2）这笔经济业务使企业的资产（银行存款）增加300 000元，同时使企业的所有者权益（实收资本）增加300 000元，资产和所有者权益同时增加300 000元，双方总额均发生等金额变动，会计等式仍保持平衡。

（3）这笔经济业务使企业的资产（固定资产）减少60 000元，同时使企业的所有者权益（实收资本）减少60 000元，资产和所有者权益同时减少60 000元，双方总额均发生等金额变动，会计等式仍保持平衡。

（4）这笔经济业务使企业的资产（银行存款）减少56 000元，同时使企业的负债（应付账款）减少56 000元，资产和负债同时减少56 000元，双方总额均发生等金额变动，会计等式仍保持平衡。

（5）这笔经济业务使企业的资产（银行存款）减少8 000元，同时使企业的资产（原材料）增加8 000元，资产内部两个项目以相等的金额发生一增一减的变动，会计等式仍保持平衡。

（6）这笔经济业务使企业的所有者权益（资本公积）减少100 000元，同时使企业的所有者权益（实收资本）增加100 000元，所有者权益内部两个项目以相等的金额发生一增一减的变动，会计等式仍保持平衡。

（7）这笔经济业务使企业的负债（长期借款）减少100 000元，同时使企业的所有者权益（实收资本）增加100 000元，权益内部两个项目以相等的金额发生一增一减的变动，会计等式仍保持平衡。

（8）这笔经济业务使企业的负债（应付账款）减少8 600元，同时使企业的负债

（短期借款）增加 8 600 元，负债内部两个项目以相等的金额发生一增一减的变动，会计等式仍保持平衡。

（9）这笔经济业务使企业的所有者权益［利润分配（未分配利润）］减少 50 000 元，同时使企业的负债（应付股利）增加 50 000 元，权益内部两个项目以相等的金额发生一增一减的变动，会计等式仍保持平衡。

1 月末该企业资产、负债和所有者权益三个会计要素的总额分别为：

资产 = 1 700 000 + 30 000 + 300 000 − 60 000 − 56 000 + 8 000 − 8 000
　　= 1 914 000（元）

负债 = 600 000 + 30 000 − 56 000 − 100 000 + 8 600 − 8 600 + 50 000
　　= 524 000（元）

所有者权益 = 1 100 000 + 300 000 − 60 000 + 100 000 − 100 000
　　　　+ 100 000 − 50 000
　　　　= 1 390 000（元）

资产 1 914 000 元 = 负债 524 000 元 + 所有者权益 1 390 000 元

第三章 账户与复式记账

一、名词解释

1. 会计科目：是按照经济内容对各个会计要素所作的进一步分类。

2. 总分类科目：也称为一级科目或总账科目，它是对会计要素具体内容进行总括分类的会计科目，是进行总分类核算的依据，提供的是总括指标或信息。

3. 明细分类科目：是对总分类科目所作进一步分类的会计科目，是进行明细分类核算的依据，提供的是详细指标或信息。

4. 账户：是按照规定的会计科目在账簿中对各项经济业务进行分类、连续、系统记录的一种工具。

5. 记账方法：是根据一定的原理、记账符号、记账规则，采用一定的计量单位，利用文字和数字记录经济业务的一种专门方法。

6. 单式记账法：是指对发生的经济业务只在一个账户中进行记录的记账方法。

7. 复式记账法：是指对发生的每项经济业务，都要以相等的金额，在相互联系的两个或两个以上账户中同时进行登记的一种记账方法。

8. 借贷记账法：是以“借”“贷”作为记账符号，按照“有借必有贷、借贷必相等”的规则，在两个或两个以上账户中全面地、互相联系地记录每笔经济业务的一种复式记账方法。

9. 账户的对应关系：是指由于发生经济业务而使账户之间产生的应借、应贷的相互关系。

10. 对应账户：是指存在着对应关系的账户。

11. 会计分录：是指标明某项经济业务应借、应贷账户的名称及其金额的记录。

12. 总分类账户：又称为总账账户，它是按总分类科目开设的账户，对总账科目的经济内容进行总括的核算，提供总括性指标。一般只使用货币计量单位反映经济业务。

13. 明细分类账户：又称为明细账户，它是按明细分类科目开设的账户，对总分类账的经济内容进行明细分类核算，提供具体而详细的核算资料。除采用货币计量单位反映经济业务外，还可以采用实物计量或劳动量计量单位进行详细反映，以满足经营管理的需要。

14. 会计循环：是指一定会计期间内依次完成会计工作的基本步骤。

15. 过账：是指为各项经济业务编制会计凭证后，根据会计凭证做出的分录记入有关账户（包括总分类账户和明细分类账户）的过程。

16. 试算平衡：是指在期末对所有账户的发生额和余额进行汇总，以确定借贷是否相等，检查记账、过账中是否存在差错的方法。

二、单项选择题

1. D	2. A	3. D	4. C	5. A
6. B	7. C	8. A	9. A	10. B
11. D	12. D	13. D	14. A	15. C
16. A	17. B	18. A	19. D	20. C
21. D	22. D	23. D	24. D	25. C
26. A	27. D	28. D	29. C	30. A
31. D	32. D	33. B	34. D	35. D
36. C	37. B	38. D	39. D	40. B
41. B	42. D	43. A	44. D	45. D
46. A	47. B	48. C	49. D	50. C
51. C	52. B	53. D	54. A	55. C
56. D	57. B	58. C	59. D	60. C
61. C				

三、多项选择题

1. ACE	2. ABCD	3. DE	4. ABCE	5. AC
6. AB	7. ABC	8. ABDE	9. ABCDE	10. ABCD
11. DE	12. BD	13. BC	14. ABCDE	15. BCD
16. DE	17. ABC	18. ABC	19. ACD	20. ACD
21. ABC				

四、不定项选择题

1. AD	2. C	3. BCD	4. E	5. A
6. AC	7. ACD	8. AB	9. D	

五、判断题

1. ×	2. ×	3. ×	4. √	5. √
6. √	7. √	8. ×	9. √	10. ×
11. √	12. √	13. ×	14. ×	15. √
16. ×	17. ×	18. √	19. ×	20. ×
21. ×	22. ×	23. ×	24. ×	

六、简答题

1. 简述会计科目的设置原则。

会计科目的设置原则有：①会计科目的设置必须结合会计对象的特点；②会计科目的设置既要满足对外报告的要求，又要符合内部经营管理的需要；③会计科目的设置要将统一性与灵活性结合起来；④会计科目的设置既要适应经济业务发展的需要，又要保持相对稳定；⑤会计科目的设置要简单明了，通俗易懂。

2. 简述账户和会计科目的区别与联系。

账户和会计科目是两个既有区别，又有联系的概念。其区别在于：会计科目只是会计要素的具体分类名称，没有具体的结构；账户则是根据会计科目开设的，具有一定的结构，对由于经济业务引起的会计要素增减变动情况及其结果进行全面、连续、系统的记录。其联系在于：两者都被用来分门别类地反映会计对象的具体内容。由于账户根据会计科目命名，两者完全一致，所以在实际工作中，账户与会计科目常被作为同义语来理解，互相通用，不加区别。

3. 简述账户格式的主要内容。

账户的格式可以有多种形式，但一般来说，应当包括以下内容：①账户名称（即会计科目）；②记账日期；③凭证号数（说明账户记录的依据）；④摘要（概括说明经济业务的内容）；⑤增加和减少的金额和余额。

4. 复式记账法的基本原则有哪些？

复式记账法的基本原则是：①以会计等式作为记账基础；②清晰地反映资金运动的来龙去脉；③经济业务记录的结果应符合会计等式的影响类型。

5. 简述复式记账法的特点和种类。

复式记账法是一种科学的记账方法，可以对一个复杂经济过程中的价值运动情况做出全面、完整、互相联系的记录，有着单式记账法不可比拟的优点，从而得到广泛的应用。其主要特点：一是对发生的各项经济业务都是按确定的会计科目，至少在两个账户中相互联系地进行分类记录；二是对记录的结果可以进行试算平衡，以便检查账户记录是否正确。

复式记账法按照记账符号、记账规则、试算平衡方法的不同，可以分为借贷记账法、增减记账法和收付记账法。借贷记账法是最早产生的复式记账法，也是当今世界各国通用的复式记账法。

6. 借贷记账法的特点有哪些？

借贷记账法具有以下特点：①以“借”“贷”作为记账符号；②以会计恒等式作为记账基础；③以“有借必有贷，借贷必相等”作为记账规则。

7. 运用借贷记账法编制会计分录的步骤有哪些？

运用借贷记账法编制会计分录的步骤如下：第一步，根据经济业务的内容，确定所涉及的账户名称及类别；第二步，根据账户的性质，分析其变动引起的是增加还是减少，进而确定应借应贷的方向；第三步，根据借贷记账法的记账规则，确定应记入每个账户的金额。

8. 简述总分类账户和明细分类账户的相互关系。

总分类账户和明细分类账户的关系是统驭与从属、控制与被控制的关系。总分类账户是所属明细分类账户的统驭账户、控制账户，对所属明细分类账户起统驭、控制作用；明细分类账户是总分类账户的从属账户、被控制账户，对其所隶属的总分类账户起补充、说明的作用。两者核算的内容相同，提供的资料互为补充。

9. 简述总分类账户和明细分类账户平行登记的概念和要点。

总分类账户和明细分类账户的平行登记，是指经济业务发生后，根据会计凭证，既要登记有关的总分类账户，又要登记该总分类账所属的各有关明细分类账户。其平行登记的要点如下：

（1）同时期登记。每一项经济业务发生后，一方面记入有关总分类账户，另一方面记入其所属明细分类账户，并在同一会计期间记入。

（2）同方向登记。每一项经济业务发生后，在总分类账户和明细分类账户进行登记时，其记账方向是相同的。

（3）同金额登记。每一项经济业务发生后，记入总分类账的金额必须与记入其所属明细分类账的金额之和相等。

经过平行登记以后，总账和明细账之间应该具有以下平衡关系：

总账的期初余额 = 所属各明细账期初余额之和

总账的本期借方发生额 = 所属各明细账本期借方发生额之和

总账的本期贷方发生额 = 所属各明细账本期贷方发生额之和

总账的期末余额 = 所属各明细账期末余额之和

10. 简述企业会计循环过程的基本步骤。

企业会计循环过程的基本步骤为：①分析经济业务，确定会计分录；②过账；③试算平衡；④期末账项调整并予过账；⑤结账；⑥编制财务报告。

七、业务计算题

练习一

业务（1）涉及银行存款（+）和实收资本（+）。

业务（2）涉及无形资产（+）和银行存款（-）。

业务（3）涉及固定资产（+）和银行存款（-）。

业务（4）涉及短期借款（-）和银行存款（-）。

业务（5）涉及固定资产（+）和实收资本（+）。

业务（6）涉及库存现金（-）和管理费用（+）。

业务（7）涉及原材料（+）和应付账款（+）。

业务（8）涉及主营业务收入（+）和应收账款（+）。

业务（9）涉及银行存款（+）和应收账款（-）。

业务（10）涉及库存现金（+）和银行存款（-）。

业务（11）涉及库存现金（-）和应付职工薪酬（-）。

业务（12）涉及原材料（+）和银行存款（-）。

业务（13）涉及应付账款（-）和银行存款（-）。

业务（14）涉及管理费用（+）和银行存款（-）。

业务（15）涉及销售费用（+）和银行存款（-）。

练习二

资产类会计科目：(1)、(4)、(7)、(10)

负债类会计科目：(2)、(5)、(8)

所有者权益类会计科目：(3)、(6)

成本类会计科目：（9）

损益类会计科目：（11）、（12）

练习三

单位：元

账户名称	期初余额	借方发生额	贷方发生额	期末余额
库存现金	3 000	11 500	（13 800）	700
银行存款	100 000	（240 000）	39 500	300 500
应收账款	15 000	18 000	（30 000）	3 000
固定资产	80 000	（50 000）	0	130 000
原材料	6 000	5 400	（2 900）	8 500
短期借款	8 000	5 000	（4 000）	7 000
应付账款	5 000	5 000	10 000	（10 000）
实收资本	201 000	0	（181 000）	382 000
盈余公积	84 000	19 000	12 000	（77 000）

练习四

单位：元

账户名称	期初余额		本期发生额		期末余额	
	借方	贷方	借方	贷方	借方	贷方
库存现金	950		4 360	（4 350）	960	
银行存款	2 690		（14 910）	7 460	（10 140）	
应收账款	（16 660）		（1 740）	18 400	0	
原材料	5 000		1 720	（2 620）	4 100	
固定资产	（5 400）		5 000	0	10 400	
短期借款		（2 000）	2 000	0		0
应付账款		3 700	4 400	（2 700）		2 000
应付票据		（5 000）	4 000	2 600		3 600
实收资本		20 000	0	（0）		20 000
合计	（30 700）	（30 700）	（38 130）	（38 130）	（25 600）	（25 600）

练习五

编制的会计分录如下：

（1）借：固定资产　　1 200 000

　　　贷：实收资本　　1 200 000

（2）借：原材料　　240 000

　　　贷：应付账款　　240 000

（3）借：无形资产　　100 000

　　　贷：银行存款　　100 000

（4）借：生产成本　　40 000

　　　贷：原材料　　40 000

（5）借：其他应收款　　2 000
　　贷：库存现金　　2 000
（6）借：库存商品　　140 000
　　贷：生产成本　　140 000
（7）借：固定资产　　300 000
　　贷：银行存款　　300 000
（8）借：应付账款　　240 000
　　贷：短期借款　　240 000
（9）借：应付账款　　50 000
　　贷：银行存款　　50 000
（10）借：银行存款　　100 000
　　贷：实收资本　　100 000
（11）借：银行存款　　390 000
　　贷：应收账款　　390 000
（12）借：短期借款　　240 000
　　贷：银行存款　　240 000
（13）借：库存现金　　10 000
　　贷：银行存款　　10 000
（14）借：原材料　　20 000
　　贷：银行存款　　20 000
（15）借：银行存款　　100 000
　　贷：长期借款　　10 000

开设的相关账户和记账过程如下：

借方　　**固定资产**　　贷方

期初余额	2 000 000		
(1)	1 200 000		
(7)	300 000		
本期借方发生额	1 500 000	本期贷方发生额	0
期末余额	3 500 000		

借方　　**无形资产**　　贷方

期初余额	0		
(3)	100 000		
本期借方发生额	100 000	本期贷方发生额	0
期末余额	100 000		

借方	原材料		贷方
期初余额	460 000		
（2）	240 000	（4）	40 000
（14）	20 000		
本期借方发生额	260 000	本期贷方发生额	40 000
期末余额	680 000		

借方	生产成本		贷方
期初余额	260 000		
（4）	40 000	（6）	140 000
本期借方发生额	40 000	本期贷方发生额	140 000
期末余额	160 000		

借方	库存商品		贷方
期初余额	450 000		
（6）	140 000		
本期借方发生额	140 000	本期贷方发生额	0
期末余额	590 000		

借方	库存现金		贷方
期初余额	5 000		
（13）	10 000	（5）	2 000
本期借方发生额	10 000	本期贷方发生额	2 000
期末余额	13 000		

借方	银行存款		贷方
期初余额	350 000		
（10）	100 000	（3）	100 000
（11）	390 000	（7）	300 000
（15）	100 000	（9）	50 000
		（12）	240 000
		（13）	10 000
		（14）	20 000
本期借方发生额	590 000	本期贷方发生额	720 000
期末余额	220 000		

借方　　**应收账款**　　贷方

期初余额	420 000		
		(11)	390 000
本期借方发生额	0	本期贷方发生额	390 000
期末余额	30 000		

借方　　**其他应收款**　　贷方

期初余额	55 000		
(5)	2 000		
本期借方发生额	2 000	本期贷方发生额	0
期末余额	57 000		

借方　　**实收资本**　　贷方

		期初余额	3 000 000
		(1)	1 200 000
		(10)	100 000
本期借方发生额	0	本期贷方发生额	1 300 000
		期末余额	4 300 000

借方　　**长期借款**　　贷方

		期初余额	360 000
		(15)	100 000
本期借方发生额	0	本期贷方发生额	100 000
		期末余额	460 000

借方　　**应付职工薪酬**　　贷方

		期初余额	310 000
本期借方发生额	0	本期贷方发生额	0
		期末余额	310 000

借方　　**短期借款**　　贷方

		期初余额	120 000
(12)	240 000	(8)	240 000
本期借方发生额	240 000	本期贷方发生额	240 000
		期末余额	120 000

借方　　**其他应付款**　　贷方

		期初余额	30 000
本期借方发生额	0	本期贷方发生额	0
		期末余额	30 000

借方	应付账款		贷方
		期初余额	180 000
(8)	240 000	(2)	240 000
(9)	50 000		
本期借方发生额	290 000	本期贷方发生额	240 000
		期末余额	130 000

编制的“总分类账户本期发生额和余额试算平衡表”如下：

总分类账户本期发生额和余额试算平衡表

202×年4月30日　　　　单位：元

会计科目	期初余额		本期发生额		期末余额	
	借方	贷方	借方	贷方	借方	贷方
固定资产	2 000 000		1 500 000		3 500 000	
无形资产	0		100 000		100 000	
原材料	460 000		260 000	40 000	680 000	
生产成本	260 000		40 000	140 000	160 000	
库存商品	450 000		140 000		590 000	
库存现金	5 000		10 000	2 000	13 000	
银行存款	350 000		590 000	720 000	220 000	
应收账款	420 000			390 000	30 000	
其他应收款	55 000		2 000		57 000	
实收资本		3 000 000		1 300 000		4 300 000
长期借款		360 000		100 000		460 000
应付职工薪酬		310 000				310 000
短期借款		120 000	240 000	240 000		120 000
其他应付款		30 000				30 000
应付账款		180 000	290 000	240 000		130 000
合计	4 000 000	4 000 000	3 172 000	3 172 000	5 350 000	5 350 000

练习六

借方	库存现金		贷方
期初余额	1 240		
(1)	600	(3)	800
(2)	1 500		
本期发生额	(2 100)	本期发生额	(800)
期末余额	(2 540)		

借方	应收账款		贷方
期初余额	56 780		
（2）	12 600	（1）	23 800
（3）	（21 900）		
本期发生额	34 500	本期发生额	（23 800）
期末余额	（67 480）		

借方	短期借款		贷方
		期初余额	500 000
（1）	200 000		
（2）	100 000		
（3）	（795 000）		
		（4）	（600 000）
本期发生额	（1 095 000）	本期发生额	600 000
		期末余额	5 000

借方	销售费用		贷方
（1）	15 000		
（2）	50 000		
（3）	60 000		
		（4）	（125 000）
本期发生额	（125 000）	本期发生额	（125 000）

练习七

编制的会计分录如下：

（1）借：原材料——A 材料 15 000
　　　　　　——B 材料 2 000
　　贷：应付账款——新华公司 17 000

（2）借：应付账款——新华公司 6 000
　　　　　　　——长江公司 4 000
　　贷：银行存款 10 000

（3）借：原材料——A 材料 10 000
　　　　　　——B 材料 1 000
　　贷：应付账款——长江公司 11 000

（4）借：生产成本 24 000
　　贷：原材料——A 材料 20 000
　　　　　　——B 材料 4 000

平行登记的结果如下：

总分类账

账户名称：原材料　　　　　　　　　　　　　　　　　　　　　单位：元

202×年		凭证	摘要	借方	贷方	借或贷	余额
月	日						
12	1	略	期初余额			借	15 000
	5		购进材料	17 000		借	32 000
	18		购进材料	11 000		借	43 000
	20		生产领用材料		24 000	借	19 000
12	31		本月合计	28 000	24 000	借	19 000

总分类账

账户名称：应付账款　　　　　　　　　　　　　　　　　　　　单位：元

202×年		凭证	摘要	借方	贷方	借或贷	余额
月	日						
12	1	略	期初余额			贷	10 000
	5		购进材料		17 000	贷	27 000
	10		偿还欠款	10 000		贷	17 000
	18		购进材料		11 000	贷	28 000
12	31		本月合计	10 000	28 000	贷	28 000

“原材料”明细分类账

材料名称：A 材料　　　　　　　　　　　　　　　　　　　计量单位：千克

年		凭证	摘要	收入			发出			结存		
月	日			数量	单价	金额	数量	单价	金额	数量	单价	金额
12	1	略	期初余额							2 000	5	10 000
	5		购进材料	3 000	5	15 000				5 000	5	25 000
	18		购进材料	2 000	5	10 000				7 000	5	35 000
	20		生产领用材料				4 000	5	20 000	3 000	5	15 000
12	31		本月合计	5 000	—	25 000	4 000	—	20 000	3 000	—	15 000

“原材料”明细分类账

材料名称：B 材料　　　　　　　　　　　　　　　　　　　计量单位：只

年		凭证	摘要	收入			发出			结存		
月	日			数量	单价	金额	数量	单价	金额	数量	单价	金额
12	1	略	期初余额							500	10	5 000
	5		购进材料	200	10	2 000				700	10	7 000
	18		购进材料	100	10	1 000				800	10	8 000
	20		生产领用材料				400	10	4 000	400	10	4 000
12	31		本月合计	300	—	3 000	400	—	4 000	400	—	4 000

“应付账款”明细分类账

账户名称：新华公司　　单位：元

202×年		凭证	摘要	借方	贷方	借或贷	余额
月	日						
12	1	略	期初余额			贷	6 000
	5		购进材料		17 000	贷	23 000
	10		偿还欠款	6 000		贷	17 000
12	31		本月合计	6 000	17 000	贷	17 000

“应付账款”明细分类账

账户名称：长江公司　　单位：元

202×年		凭证	摘要	借方	贷方	借或贷	余额
月	日						
12	1	略	期初余额			贷	4 000
	10		偿还欠款	4 000		平	0
	18		购进材料		11 000	贷	11 000
12	31		本月合计	4 000	11 000	贷	11 000

“原材料”明细分类账本期发生额及余额明细表

单位：元

账户	期初余额	本期发生额		期末余额
		借方	贷方	
原材料——A	10 000	25 000	20 000	15 000
原材料——B	5 000	3 000	4 000	4 000
合计（A＋B）	15 000	28 000	24 000	19 000

“应付账款”明细分类账本期发生额及余额明细表

单位：元

账户	期初余额	本期发生额		期末余额
		借方	贷方	
应付账款——新华公司	6 000	6 000	17 000	17 000
应付账款——长江公司	4 000	4 000	11 000	11 000
合计（新华公司＋长江公司）	10 000	10 000	28 000	28 000

第四章 制造企业主要经济业务核算与成本计算

一、名词解释

1. 实收资本：是指投资者作为资本投入到企业中的各种资产的价值。

2. 资本公积：是指企业收到投资者出资超过其在注册资本或股本中所占份额的部分以及直接计入所有者权益的利得和损失。

3. 短期借款：是指企业向银行或其他金融机构等借入的期限在1年以下（含1年）的各种借款，属于流动负债。

4. 生产型增值税：是指以纳税人的销售收入（或劳务收入）减去用于生产经营的外购的原料、燃料、动力等物质资料价值后的余额作为法定的增值额，但对于购入的固定资产及其折旧均不扣除。

5. 消费性增值税：是指允许将购置物质资料的价值和用于生产经营的固定资产价值中所含的税款，在购置当期全部一次扣除。

6. 固定资产：是指企业为生产商品、提供劳务、出租或经营管理而持有且使用寿命超过一个会计年度的各种有形资产，如企业的厂房、机器设备、运输工具等。

7. 制造费用：是指企业生产车间为生产产品或提供劳务而发生的各项间接费用。

8. 累计折旧：是指固定资产在使用过程中因磨损等原因而累计减少的价值。

9. 期间费用：是指不能计入产品成本，而应当计入期间损益的费用，包括销售费用、管理费用和财务费用。

二、单项选择题

1. D	2. A	3. D	4. D	5. C
6. C	7. B	8. C	9. B	10. A
11. A	12. C	13. B	14. B	15. B
16. D	17. A	18. A	19. D	20. B
21. D	22. A	23. D	24. D	25. C
26. D	27. D	28. C	29. D	

三、多项选择题

1. ACDE	2. BC	3. ACDE	4. ABCD	5. ABC
6. ABCDE	7. ADE	8. ABDE	9. CDE	10. ABDE
11. BCDE	12. CDE	13. CDE	14. ABCD	15. ABD
16. BCDE	17. ABCD	18. CDE	19. CD	20. ABC
21. ABCE	22. ABDE	23. ACDE	24. ABCDE	25. ABE

四、不定项选择题

1. D	2. ABD	3. B	4. BCD	5. D
6. ABCD	7. D	8. ABCD	9. D	10. ACD
11. BC	12. ABCD	13. AD	14. C	15. ABCD

五、判断题

1. ×	2. ×	3. √	4. ×	5. ×
6. ×	7. ×	8. ×	9. √	10. ×
11. √	12. ×	13. ×	14. ×	15. ×
16. √	17. ×	18. ×	19. ×	20. ×

六、简答题

1. 产品的生产成本由哪几部分构成?

产品的生产成本主要由直接材料、直接人工和制造费用三部分构成。直接材料是指构成产品实体的各种材料。直接人工是直接参与产品生产的工人的薪酬，具体包括工资、职工福利、社会保险、住房公积金等。制造费用是车间为生产产品和提供劳务而发生的各项间接费用，如不构成产品实体的辅助材料、燃料，车间生产部门技术管理人员、辅助人员的薪酬，厂房和机器设备的折旧费、修理费，生产车间发生的办公费、水电费和劳动保护费、季节性的停工损失等，均属于间接费用。

2. 利润在财务报告中由哪几个层次构成?

利润在财务报告中有以下三个层次:

(1) 营业利润

营业利润 = 营业收入 - 营业成本 - 税金及附加 - 销售费用 - 管理费用 - 研发费用 - 财务费用 - 资产减值损失 - 信用减值损失 + 其他收益 + 投资收益（- 投资损失）+ 净敞口套期收益（- 净敞口套期损失）+ 公允价值变动收益（- 公允价值变动损失）+ 资产处置收益（- 资产处置损失）

(2) 利润总额

利润总额 = 营业利润 + 营业外收入 - 营业外支出

(3) 净利润

净利润 = 利润总额 - 所得税费用

其中，所得税费用 = 应纳税所得额 × 所得税税率

= 利润总额 × 所得税税率

3. 简述企业利润分配的顺序。

根据我国《公司法》等有关法律法规的规定，企业当年实现的利润，分配顺序如下:

(1) 提取法定盈余公积。公司制企业的法定公积金按照净利润 10% 的比例提取，提取的依据不包括企业年初的未分配利润。公司法定盈余公积金累计额超过注册资本

的50%时，可以不再提取法定盈余公积金。

（2）提取任意盈余公积。公司从税后利润中提取法定盈余公积金后，经股东大会决议，还可以从税后利润中提取任意盈余公积金，提取的比例不受法律限制。

（3）向投资者（或股东）分配利润（或股利）。

七、业务计算题

练习一

（1）借：银行存款	1 000 000	
贷：长期借款		1 000 000
（2）借：固定资产	500 000	
贷：实收资本		500 000
（3）借：银行存款	90 000	
贷：短期借款		90 000
（4）借：固定资产	230 000	
贷：营业外收入		230 000
（5）借：无形资产	300 000	
贷：实收资本		200 000
资本公积		100 000
（6）借：应付利息	2 000	
财务费用	1 000	
贷：银行存款		3 000
（7）借：短期借款	30 000	
长期借款	200 000	
贷：银行存款		230 000
（8）借：在建工程	80 000	
财务费用	10 000	
贷：长期借款		90 000

练习二

运杂费的分配率 = 12 000/（80 + 40）= 100（元/吨）

甲材料应分配的运杂费 = 80 × 100 = 8 000（元）

乙材料应分配的运杂费 = 40 × 100 = 4 000（元）

甲材料的采购总成本 = 320 000 + 8 000 = 328 000（元）

甲材料的采购单位成本 = 328 000/80 = 4 100（元/吨）

乙材料的采购总成本 = 80 000 + 4 000 = 84 000（元）

乙材料的采购单位成本 = 84 000/40 = 2 100（元/吨）

会计分录如下：

借：原材料——甲材料	328 000	
——乙材料		84 000

贷：在途物资——甲材料　　328 000

——乙材料　　84 000

练习三

每吨材料负担的运费和保险费 =（8 000 + 1 000）/（20 + 10）= 300 元/吨

B 材料负担的运费和保险费 = 300 × 20 = 6 000 元

C 材料负担的运费和保险费 = 300 × 10 = 3 000 元

编制的在途物资明细账、共同费用分配计算表、材料采购总成本和单位成本计算表如下：

在途物资明细账

材料名称：A 材料　　单位：元

202×年		凭证号数	摘要	借方			贷方	借/贷	余额
月	日			买价	采购费用	合计			
9	3	略	购入 10 吨	20 000		20 000		借	20 000
	5		支付运费		3 000	3 000		借	23 000
	5		支付装卸费		500	500		借	23 500
	5		结转采购成本				23 500	平	0
9	30		本月合计	20 000	3 500	23 500	23 500	平	

在途物资明细账

材料名称：B 材料　　单位：元

202×年		凭证号数	摘要	借方			贷方	借/贷	余额
月	日			买价	采购费用	合计			
9	16	略	购入 20 吨	60 000		60 000		借	60 000
	20		分摊运杂费		6 000	6 000		借	66 000
	20		结转采购成本				66 000	平	0
9	30		本月合计	60 000	6 000	66 000	66 000	平	0

在途物资明细账

材料名称：C 材料　　单位：元

202×年		凭证号数	摘要	借方			贷方	借/贷	余额
月	日			买价	采购费用	合计			
9	16	略	购入 10 吨	35 000		35 000		借	35 000
	20		分摊运杂费		3 000	3 000		借	38 000
	10		结转采购成本				38 000	平	0
9	30		本月合计	35 000	3 000	38 000	38 000	平	0

在途物资明细账

材料名称：D材料　　　　　　　　　　　　　　　　　　　　　　单位：元

202×年		凭证号数	摘要	借方			贷方	借/贷	余额
月	日			买价	采购费用	合计			
9	25	略	购入2 000支	50 000		50 000		借	50 000
9	30		本月合计	50 000		50 000		借	50 000

材料采购共同费用分配计算表

材料名称	分配标准/吨	分配率/吨·元	分配金额/元
B材料	20	300	6 000
C材料	10	300	3 000
合计	30	—	9 000

材料采购成本计算表

编制单位：欣欣公司　　　　　　　　　　　　　　　　　　　　　单位：元

成本项目	A材料（10吨）		B材料（20吨）		C材料（10吨）	
	总成本	单位成本	总成本	单位成本	总成本	单位成本
买价	20 000	2 000	60 000	3 000	35 000	3 500
采购费用	3 500	350	6 000	300	3 000	300
成本合计	23 500	2 350	66 000	3 300	38 000	3 800

练习四

（1）借：固定资产　　51 500
　　应交税费——应交增值税（进项税额）　　6 620
　　贷：银行存款　　58 120

（2）借：在途物资——甲材料　　30 000
　　——乙材料　　20 000
　　应交税费——应交增值税（进项税额）　　6 500
　　贷：银行存款　　56 500

（3）分配率＝7 000/（1 500＋2 000）＝2元/千克

甲材料分配的运杂费＝1 500×2＝3 000元

乙材料分配的运杂费＝2 000×2＝4 000元

借：在途物资——甲材料　　3 000
　　——乙材料　　4 000
　　贷：银行存款　　7 000

（4）借：在途物资——丙材料　　90 000
　　应交税费——应交增值税（进项税额）　　11 700
　　贷：预付账款——S公司　　101 700

（5）借：在途物资——丙材料　　4 300
　　贷：银行存款　　4 300

（6）借：原材料——甲材料　　33 000
　　　　——乙材料　　24 000
　　　　——丙材料　　94 300
　　贷：在途物资——甲材料　　33 000
　　　　——乙材料　　24 000
　　　　——丙材料　　94 300

练习五

制造费用分配率 = 4 000/（15 000 + 25 000）= 0.1

A 产品应分配的制造费用 = 15 000 × 0.1 = 1 500（元）

B 产品应分配的制造费用 = 25 000 × 0.1 = 2 500（元）

产品生产成本总额 = 期初在产品成本 + 本期发生的生产费用 - 期末在产品成本

A 产品生产成本总额 = 3 000 +（35 000 + 15 000 + 1 500）- 1 500
= 53 000（元）

A 产品单位生产成本 = 53 000/400 = 132.5（元）

B 产品生产成本总额 = 1 500 +（40 000 + 25 000 + 2 500）= 69 000（元）

B 产品单位生产成本 = 69 000/100 = 690（元）

分配结转制造费用

（1）借：生产成本——A 产品　　1 500
　　　　——B 产品　　2 500
　　贷：制造费用　　4 000

完工产品入库

（2）借：库存商品——A 产品　　53 000
　　　　——B 产品　　69 000
　　贷：生产成本——A 产品　　53 000
　　　　——B 产品　　69 000

练习六

（1）借：生产成本——A 产品　　8 400
　　　　——B 产品　　5 000
　　制造费用　　1 200
　　贷：原材料　　14 600

（2）分配率 = 28 500/（6 400 + 3 600）= 2.85（元/工时）

A 产品分配的生产工人的薪酬 = 2.85 × 6 400 = 18 240（元）

B 产品分配的生产工人的薪酬 = 2.85 × 3 600 = 10 260（元）

借：生产成本——A 产品　　18 240
　　——B 产品　　10 260
　　制造费用　　1 368
　　贷：应付职工薪酬　　29 868

（3）借：制造费用　　6 600
　　贷：累计折旧　　6 600
（4）借：制造费用　　332
　　贷：库存现金　　332
（5）制造费用总额 = 1 200 + 1 386 + 6 600 + 332 = 9 500（元）
制造费用分配率 = 9 500/（6 400 + 3 600） = 0. 95（元/工时）
A 产品分配的制造费用 = 0. 95 × 6 400 = 6 080（元）
B 产品分配的制造费用 = 0. 95 × 3 600 = 3 420（元）
借：生产成本——A 产品　　6 080
　　　　——B 产品　　3 420
　　贷：制造费用　　9 500
（6）本月完工入库的 A 产品的成本 = 35 680 + 8 400 + 18 240 + 6 080
= 68 400（元）
借：库存商品——A 产品　　68 400
　　贷：生产成本——A 产品　　68 400

总 分 类 账

科目：生产成本

202×年		凭证种类编号	摘　要	页数	借方	√	贷方	√	借或贷	余额
月	日									
			期初余额						借	92 820
			生产车间领料		13 400				借	106 220
			分配工人薪酬		28 500				借	134 720
			结转制造费用		9 500				借	144 220
			结转完工成本				68 400		借	75 820

生产成本明细账

产品名称：A 产品

202×年		凭证号数	摘要	借方			合计
月	日			直接材料	直接人工	制造费用	
		略	期初余额	20 100	11 400	4 180	35 680
			生产产品领料	8 400			8 400
			分配工人薪酬		18 240		18 240
			结转制造费用			6 080	6 080
			结转完工产品成本	28 500	29 640	10 260	68 400
			期末在产品	0	0	0	0

练习七

（1）借：银行存款　　56 500
　　贷：主营业务收入——A 产品　　50 000
　　　　应交税费——应交增值税（销项税额）　　6 500
（2）借：应收账款——黄河公司　　113 000
　　贷：主营业务收入——B 产品　　100 000
　　　　应交税费——应交增值税（销项税额）　　13 000
（3）借：销售费用　　6 000
　　贷：银行存款　　6 000
（4）借：主营业务成本——A 产品　　30 000
　　　　　　　　　——B 产品　　60 000
　　贷：库存商品——A 产品　　30 000
　　　　　　　　——B 产品　　60 000
（5）借：税金及附加　　1 800
　　贷：应交税费　　1 800
（6）借：主营业务收入——A 产品　　50 000
　　　　　　　　　——B 产品　　100 000
　　贷：本年利润　　150 000
　借：本年利润　　97 800
　　贷：主营业务成本——A 产品　　30 000
　　　　　　　　　　——B 产品　　60 000
　　　　销售费用　　6 000
　　　　税金及附加　　1 800

练习八

（1）结转各损益类账户的余额：
借：本年利润　　392 209
　贷：主营业务成本　　153 700
　　　其他业务成本　　3 400
　　　税金及附加　　43 000
　　　销售费用　　52 000
　　　管理费用　　42 400
　　　财务费用　　30 400
　　　营业外支出　　41 800
　　　所得税费用　　25 509
借：主营业务收入　　375 400
　其他业务收入　　5 600
　投资收益　　51 000
　营业外收入　　12 000
　贷：本年利润　　444 000

（2）营业利润 = 375 400 + 5 600 − 153 700 − 3 400 − 43 000 − 52 000 − 42 400 − 30 400 + 51 000 = 107 100（元）

利润总额 = 107 100 + 12 000 − 41 800 = 77 300（元）

净利润 = 77 300 − 25 509 = 51 791（元）

练习九

（1）借：银行存款	67 800	
贷：主营业务收入		60 000
应交税费——应交增值税（销项税额）		7 800
（2）借：应收账款	339 000	
贷：主营业务收入		300 000
应交税费——应交增值税（销项税额）		39 000
（3）借：管理费用	3 900	
贷：银行存款		3 900
（4）借：营业外支出	20 000	
贷：银行存款		20 000

（5）A 产品的销售成本 = 120 × 300 = 36 000（元）

B 产品的销售成本 = 450 × 600 = 270 000（元）

借：主营业务成本	306 000	
贷：库存商品——A 产品		36 000
——B 产品		270 000
（6）借：财务费用	1 500	
贷：应付利息		1 500
（7）借：应付账款	30 000	
贷：营业外收入		30 000
（8）借：税金及附加	2 800	
贷：应交税费——应交城市建设维护税		2 800
（9）借：主营业务收入	360 000	
营业外收入	30 000	
贷：本年利润		390 000
借：本年利润	334 200	
贷：主营业务成本		306 000
管理费用		3 900
财务费用		1 500
营业外支出		20 000
税金及附加		2 800

（10）利润总额 = 390 000 − 334 200 = 55 800（元）

所得税费用 = 55 800 × 25% = 13 950（元）

借：所得税费用	13 950	
贷：应交税费——应交所得税		13 950

借：本年利润　　13 950
　　贷：所得税费用　　13 950

营业利润 = 360 000 − 306 000 − 3 900 − 1 500 − 2 800 = 45 800（元）

利润总额 = 45 800 + 30 000 − 20 000 = 55 800（元）

净利润 = 55 800 − 13 950 = 41 850（元）

练习十

(1) 借：主营业务收入　　280 000
　　营业外收入　　4 000
　　贷：本年利润　　284 000

(2) 借：本年利润　　153 500
　　贷：主营业务成本　　100 000
　　　　管理费用　　24 500
　　　　财务费用　　1 500
　　　　销售费用　　4 500
　　　　营业外支出　　20 000
　　　　税金及附加　　3 000

(3) 借：所得税费用　　43 000
　　贷：应交税费——应交所得税　　43 000
　借：本年利润　　43 000
　　贷：所得税费用　　43 000

(4) 借：本年利润　　1 000 000
　　贷：利润分配——未分配利润　　1 000 000

(5) 借：利润分配——提取法定盈余公积　　100 000
　　贷：盈余公积　　100 000

(6) 借：利润分配——应付股利　　200 000
　　贷：应付股利　　200 000

(7) 借：利润分配——未分配利润　　300 000
　　贷：利润分配——提取法定盈余公积　　100 000
　　　　利润分配——应付股利　　200 000

练习十一

(1) 借：库存现金　　2 000
　　贷：银行存款　　2 000

(2) 借：销售费用　　9 000
　　贷：银行存款　　9 000

(3) 借：在途物资——甲材料　　300 000
　　　　　　——乙材料　　100 000
　　应交税费——应交增值税（进项税额）　　52 000
　　贷：应付票据　　452 000

运费分配率 = 1 100/（6 000 + 5 000） = 0.1（元/千克）

甲材料负担的运输费用 = 0.1 × 6 000 = 600（元）

乙材料负担的运输费用 = 0.1 × 5 000 = 500（元）

借：在途物资——甲材料	600	
——乙材料	500	
贷：银行存款		1 100
（4）借：原材料——甲材料	300 600	
——乙材料	100 500	
贷：在途物资——甲材料		300 600
——乙材料		100 500
（5）借：在建工程	153 000	
应交税费——应交增值税（进项税额）	19 500	
贷：银行存款		169 500
库存现金		3 000
（6）借：在建工程	7 000	
贷：银行存款		7 000
借：固定资产	160 000	
贷：在建工程		160 000
（7）借：管理费用	5 000	
制造费用	3 000	
贷：预付账款		8 000
（8）借：营业外支出	10 000	
贷：银行存款		10 000
（9）借：应付职工薪酬	80 000	
贷：银行存款		80 000
（10）借：管理费用	1 500	
库存现金		500
贷：其他应收款——李刚		2 000
（11）借：银行存款	565 000	
贷：主营业务收入——A 产品		300 000
——B 产品		200 000
应交税费——应交增值税（销项税额）		65 000
（12）借：管理费用	800	
贷：库存现金		800
（13）借：银行存款	300 000	
贷：实收资本		300 000
（14）借：应收账款——新百公司	203 400	
贷：主营业务收入——A 产品		100 000
——B 产品		80 000
应交税费——应交增值税（销项税额）		23 400

（15）借：生产成本——A 产品　　313 000
　　——B 产品　　207 000
　　制造费用　　1 000
　　管理费用　　1 000
　　贷：原材料——甲材料　　308 000
　　　　——乙材料　　204 000
（16）借：银行存款　　210 600
　　贷：应收账款——新百公司　　210 600
（17）借：制造费用　　10 000
　　管理费用　　10 000
　　贷：累计折旧　　20 000
（18）借：财务费用　　8 000
　　贷：应付利息　　8 000
（19）借：生产成本——A 产品　　18 000
　　——B 产品　　12 000
　　制造费用　　1 000
　　管理费用　　4 000
　　贷：银行存款　　35 000
（20）人工费用分配率＝60 000/6 000＝10（元/工时）
A 产品分配的人工费＝4 500×10＝45 000（元）
B 产品分配的人工费＝1 500×10＝15 000（元）
借：生产成本——A 产品　　45 000
　　——B 产品　　15 000
　　制造费用　　15 000
　　管理费用　　5 000
　　贷：应付职工薪酬　　80 000
（21）制造费用总额＝3 000＋1 000＋10 000＋1 000＋15 000＝30 000（元）
制造费用分配率＝30 000/（4 500＋1 500）＝5（元/工时）
A 产品分配的制造费用＝4 500×5＝22 500（元）
B 产品分配的制造费用＝1 500×5＝7 500（元）
借：生产成本——A 产品　　22 500
　　——B 产品　　7 500
　　贷：制造费用　　30 000
（22）A 产品总成本＝313 000＋18 000＋45 000＋22 500＝398 500（元）
A 产品的单位成本＝398 500÷500＝797（元/台）
B 产品的总成本＝65 000＋207 000＋12 000＋15 000＋7 500
＝306 500（元）
B 产品的单位成本＝306 500÷1 000＝306.5（元/台）

借：库存商品——A 产品　　398 500
　　　　　　——B 产品　　306 500
　贷：生产成本——A 产品　　398 500
　　　　　　　——B 产品　　306 500

（23）借：税金及附加　　6 000
　贷：应交税费——应交城市建设维护税　　4 800
　　　　　　——应交教育费附加　　1 200

（24）A 产品的销售成本 = （300 + 100）× 797 = 318 800（元）
B 产品的销售成本 = （500 + 200）× 306. 5 = 214 550（元）
借：主营业务成本　　533 350
　贷：库存商品——A 产品　　318 800
　　　　　　——B 产品　　214 550

（25）借：主营业务收入　　680 000
　贷：本年利润　　680 000

（26）借：本年利润　　593 650
　贷：主营业务成本　　533 350
　　税金及附加　　6 000
　　管理费用　　27 300
　　财务费用　　8 000
　　销售费用　　9 000
　　营业外支出　　10 000

（27）利润总额 = 680 000 − 593 650 = 86 350（元）
应交所得税 = 86 350 × 25% = 21 587. 5（元）
借：所得税费用　　21 587. 5
　贷：应交税费——应交所得税　　21 587. 5
借：本年利润　　21 587. 5
　贷：所得税费用　　21 587. 5

（28）净利润 = 86 350 − 21 587. 5 = 64 762. 5（元）
提取的法定盈余公积 64 762. 5 × 10% = 6 476. 25（元）
借：利润分配——提取法定盈余公积　　6 476. 25
　贷：盈余公积　　6 476. 25

（29）分配的股利 = 64 762. 5 × 40% = 25 905 元
借：利润分配——应付股利　　25 905
　贷：应付股利　　25 905

（30）借：应交税费——应交城市建设维护税　　4 800
　　　　　——应交教育费附加　　1 200
　贷：银行存款　　6 000

练习十二

1. 以甲、乙产品为成本计算对象，开设甲、乙产品生产成本明细账和制造费用明细账。根据甲在产品的期初资料，记录甲产品的期初在产品成本。

2. 归集生产过程中发生的各项费用

（1）根据材料发出汇总表，编制会计分录

借：生产成本——甲产品　　15 000

　　生产成本——乙产品　　23 000

　　制造费用　　2 500

　　管理费用　　4 000

　　贷：原材料——M 材料　　44 500

归集甲、乙产品耗用的材料费用以及车间一般耗费的材料费用，登记相应的明细账。

（2）根据职工薪酬汇总表，分配生产工人共同职工薪酬，并记入明细账，分配过程如下：

职工薪酬分配率 = 26 000/（220 + 280）= 52 元/工时

甲产品分配的职工薪酬 = 52 × 220 = 11 440 元

乙产品分配的职工薪酬 = 14 560 元

会计分录如下：

借：生产成本——甲产品　　11 440

　　生产成本——乙产品　　14 560

　　制造费用　　6 500

　　管理费用　　9 100

　　贷：应付职工薪酬　　41 600

车间管理人员的薪酬归集记入制造费用明细账。

（3）归集水电费 4 000 元的会计分录如下：

借：制造费用　　4 000

　　管理费用　　1 500

　　贷：银行存款　　5 500

（4）归集折旧费用的会计分录如下：

借：制造费用　　6 000

　　管理费用　　2 000

　　贷：累计折旧　　8 000

登记制造费用明细账。

（5）制造费用归集完毕，分配结转制造费用

制造费用合计 = 2 500 + 6 500 + 4 000 + 6 000 = 19 000 元

制造费用分配率 = 19 000/（220 + 280）= 38 元/工时

甲产品应分配的制造费用 = 220 × 38 = 8 360 元

乙产品应分配的制造费用 = 280 × 38 = 10 640 元

分配过程编制制造费用分配表，会计分录如下：

借：生产成本——甲产品　　8 360

　　生产成本——乙产品　　10 640

　　贷：制造费用　　19 000

根据分配结转的制造费用，登记相应的生产成本明细账。

3. 编制成本计算单，分别计算完工的甲、乙产品的总成本及单位成本，并结转登记相应的生产成本明细账。

甲产品的直接材料 = 1 200 + 15 000 − 500 = 15 700 元

甲产品的直接人工 = 1 000 + 11 440 − 300 = 12 140 元

甲产品的制造费用 = 800 + 8 360 − 200 = 8 960 元

甲产品的总成本 = 15 700 + 12 140 + 8 960 = 36 800 元

甲产品的单位成本 = 36 800/100 = 368 元/件

乙产品没有期初在产品，也没有期末在产品，因此，乙产品的总成本等于全部生产费用。

乙产品总成本 = 23 000 + 14 560 + 10 640 = 48 200 元

乙产品单位成本 = 48 200/200 = 241 元/件

（6）借：库存商品——甲产品　　36 800

　　　　　　　　——乙产品　　48 200

　　　贷：生产成本——甲产品　　36 800

　　　　　　　　　——乙产品　　48 200

生产成本明细账

产品名称：甲产品　　　　单位：元

202×年		凭证号数	摘　要	借方			合计
月	日			直接材料	直接人工	制造费用	
11	1		期初在产品成本	1 200	1 000	800	3 000
	30		生产领用材料	15 000			15 000
	30		生产工人薪酬		11 440		11 440
	30		分配制造费用			8 360	8 360
	30		结转完工产品成本	15 700	12 140	8 960	36 800
11	30		期末在产品成本	500	300	200	1 000

生产成本明细账

产品名称：乙产品　　　　　　　　　　　　　　　　　　　　　　单位：元

202×年		凭证号数	摘　　要	借方			合计
月	日			直接材料	直接人工	制造费用	
11	30		生产耗用材料	23 000			23 000
	30		生产工人薪酬		14 560		14 560
	30		分配制造费用			10 640	10 640
	30		结转完工产品成本	23 000	14 560	10 640	48 200
11	30		期末在产品	0	0	0	0

制造费用明细账

单位：元

202×年		凭证号数	摘要	借　　方				合计
月	日			材料费用	职工薪酬	水电费	折旧费	
11	30	略	车间耗用材料	2 500				2 500
	30		分配人工费		6 500			6 500
	30		支付水电费			4 000		4 000
	30		计提折旧费				6 000	6 000
	30		合计	2 500	6 500	4 000	6 000	19 000
	30		本月转出	2 500	6 500	4 000	6 000	19 000

制造费用分配表

产品名称	分配标准/工时	分配率	分配金额/元
甲产品	220	38	8 360
乙产品	280	38	10 640
合计	500	—	19 000

成本计算单

产品名称：甲产品　　　　　　　　　　　　　　　　　　　　　　单位：元

项目	产量/件	直接材料	直接人工	制造费用	合计
期初在产品成本	30	1 200	1 000	800	3 000
本期生产费用	90	15 000	11 440	8 360	34 800
生产费用合计	—	16 200	12 440	9 160	37 800
期末在产品成本	20	500	300	200	1 000
甲产品成本（100）	100	15 700	12 140	8 960	36 800
甲产品单位成本	—	157	121.4	89.6	368

成本计算单

产品名称：乙产品　　　　单位：元

项目	产量/件	直接材料	直接人工	制造费用	合计
本期生产费用	200	23 000	14 560	10 640	48 200
乙产品成本（200）	200	23 000	14 560	10 640	48 200
乙产品单位成本	—	115	72. 8	53. 2	241

第五章 账户的分类

一、名词解释

1. 盘存账户：是用于核算和监督财产物资和货币资金增减变动及其结存数额的账户。

2. 结算账户：是用于核算和监督本单位与其他单位或个人之间的债权、债务结算情况的账户。

3. 权益资本账户：是用于核算和监督企业各项资本增减变化及其结存情况的账户。

4. 集合分配账户：是用于归集和分配企业生产经营过程中某一阶段所发生的某种费用的账户。

5. 跨期摊提账户：是用于核算和监督应由各个会计期间共同负担的费用，并将这些费用分摊于各个会计期间的账户。

6. 成本计算账户：是用于核算和监督企业生产经营过程中某一阶段所发生、应计入成本的全部费用，以确定该阶段各个成本计算对象实际成本的账户。

7. 收入账户：是用于核算和监督企业一定时期内所取得的各种收入和收益的账户。

8. 费用账户：是用于核算和监督企业一定时期内所发生的应计入当期损益的各项成本、费用和支出的账户。

9. 财务成果账户：是用于核算和监督企业在一定时期内生产经营活动最终成果的账户。

10. 调整账户：是用于调整被调整账户的余额，以确定被调整账户的实际余额而设置的账户。

11. 计价对比账户：是用于对某项经济业务按照两种不同的计价标准进行对比，从而确定其业务成果的账户。

二、单项选择题

1. C	2. A	3. B	4. B	5. D
6. A	7. C	8. A	9. B	10. C
11. B	12. A			

三、多项选择题

1. ACDE	2. ACE	3. ABC	4. ACD	5. ABDE
6. ABD	7. BCDE	8. ABCDE	9. ADE	10. ABDE

四、不定项选择题

1. BCD	2. A	3. D

五、判断题

1. √	2. ×	3. ×	4. ×	5. √

六、简答题

1. 简述账户分类的目的和作用。

账户分类就是为了进一步了解各账户的具体内容，明确掌握账户之间的区别和联系以及账户的使用方法，以满足提供各项指标和促进管理的需要。账户分类的作用体现在以下方面：①便于设置完整的账户体系，全面反映企业经营活动情况；②便于设置会计账簿的格式；③便于编制财务报表。

2. 账户按经济内容可分为哪几类？

账户按经济内容分类，是指账户反映会计对象的具体内容。它是账户分类的基础，是对账户的最基本分类。账户按经济内容可分为以下几类：资产类账户、负债类账户、所有者权益类账户、成本类账户、损益类账户。

3. 账户按用途和结构可分为哪几类？

账户按用途和结构的分类，是在账户按经济内容分类的基础上，将用途结构基本相同的账户进行归类，便于正确地使用账户，可以避免技术性差错。账户按用途和结构可分为以下几类：盘存账户、结算账户、权益资本账户、集合分配账户、跨期摊提账户、成本计算账户、收入账户、费用账户、财务成果账户、调整账户、计价对比账户、暂记账户等。

七、业务计算题

练习一

（1）借：在途物资　1 800
　　应交税费——应交增值税（进项税额）　306
　　贷：预付账款——丙工厂　2 106
借：应付账款——乙工厂　1 200
　　贷：银行存款　1 200
借：在途物资　2 100
　　应交税费——应交增值税（进项税额）　351
　　贷：应付账款——甲工厂　2 451
借：原材料　3 900
　　贷：在途物资　3 900

（2）

借方　应付账款（总账）　贷方

		期初余额	2 860
（2）	1 200	（3）	2 451
本期借方发生额	1 200	本期贷方发生额	2 451
		期末余额	4 111

借方　预付账款（总账）　贷方

期初余额	3 606		
		（1）	2 106
本期借方发生额	0	本期贷方发生额	2 106
期末余额	1 500		

借方　应付账款——甲工厂　贷方

		期初余额	1 600
		（3）	2 451
本期借方发生额	0	本期贷方发生额	2 451
		期末余额	4 051

借方　应付账款——乙工厂　贷方

		期初余额	1 260
（2）	1 200		
本期借方发生额	1 200	本期贷方发生额	0
		期末余额	60

借方　应付账款——丙工厂　贷方

期初余额	2 160		
		（1）	2 160
本期借方发生额	0	本期贷方发生额	2 160
期末余额	0		

借方　应付账款——丁工厂　贷方

期初余额	1 500		
本期借方发生额	0	本期贷方发生额	0
期末余额	0		

练习二

（1）借：制造费用　　17 220

　　　贷：原材料　　17 220

（2）借：制造费用　　8 000
　　贷：应付职工薪酬　　8 000

（3）借：制造费用　　8 000
　　贷：累计折旧　　8 000

（4）借：制造费用　　2 500
　　贷：银行存款　　2 500

（5）制造费用总额 = 17 220 + 8 000 + 8 000 + 2 500 = 35 720（元）

制造费用分配率 = 35 720/（35 720 + 107 160）= 0. 25

A 产品分摊的制造费用 = 35 720 × 0. 25 = 8 930（元）

B 产品分摊的制造费用 = 107 160 × 0. 25 = 26 790（元）

借：生产成本——A 产品　　8 930
　　——B 产品　　26 790
　贷：制造费用　　35 720

第六章 会计凭证

一、名词解释

1. 会计凭证：是记录经济业务的发生和完成情况，明确经济责任，作为记账依据的书面证明。

2. 原始凭证：是在经济业务发生或完成时取得或填制的，用以记录或证明经济业务的发生或完成情况的文字凭据。

3. 累计凭证：是指在一定时期内多次记录发生的同类型经济业务的原始凭证。

4. 汇总凭证：是指对一定时期内反映经济业务内容相同的若干张原始凭证，按照一定标准综合填制的原始凭证。

5. 记账凭证：是会计人员根据审核无误的原始凭证按照经济业务事项的内容加以归类，并据以确定会计分录后所填制的会计凭证。

6. 收款凭证：是用来记录库存现金和银行存款等货币资金收款业务的凭证。它是根据库存现金和银行存款收款业务的原始凭证填制的。

7. 付款凭证：是用来记录库存现金和银行存款等货币资金付款业务的凭证。它是根据库存现金和银行存款付款业务的原始凭证填制的。

8. 转账凭证：是用来记录与库存现金、银行存款等货币资金收付款业务无关的转账业务的凭证。它是根据有关转账业务的原始凭证填制的。

9. 会计凭证传递：是指会计凭证从填制时起到归档时止，在单位内部各有关部门及人员之间的传递程序和传递时间。

10. 会计凭证保管：是指会计凭证的装订、编号、存档和按规定办理调阅手续及到期销毁的全过程。

二、单项选择题

1. B	2. A	3. D	4. D	5. D
6. B	7. B	8. A	9. D	10. D
11. C	12. C	13. D	14. C	15. C
16. B	17. A	18. C	19. B	20. C
21. C	22. B	23. B	24. D	25. C
26. C	27. C	28. A	29. B	30. A

三、多项选择题

1. AB	2. BCD	3. BCE	4. BD	5. ABCD
6. AB	7. ABCDE	8. ACD	9. ABDE	10. ABC
11. ABCDE	12. ABC	13. ABCD	14. BD	15. ABCD
16. ABCDE	17. ABC	18. CD	19. ABCD	20. ABCD

四、不定项选择题

1. ABC　2. C　3. C　4. B　5. A
6. C　7. ABD　8. BC　9. AC　10. B

五、判断题

1. ×　2. ×　3. √　4. ×　5. ×
6. √　7. √　8. √　9. ×　10. √
11. ×　12. ×　13. √　14. √　15. √
16. ×　17. ×　18. ×　19. ×　20. ×

六、简答题

1. 简述会计凭证的意义。

（1）记录经济业务，提供记账依据。会计凭证是会计信息的重要载体。会计凭证可以及时、正确地反映各项经济业务的发生情况，为经济管理提供真实、可靠的原始资料。

（2）明确经济责任，强化内部控制。经济业务发生后，需取得或填制适当的会计凭证，证明经济业务已经发生或完成；同时要由有关的经办人员在凭证上签字、盖章，明确业务责任人。通过会计凭证的填制和审核，使有关责任人在其职权范围内各负其责，并利用凭证填制、审核的手续制度进一步完善经济责任制。

（3）监督经济活动，控制经济运行。通过会计凭证的审核，可以检查经济业务的发生是否符含有关的法律、制度，是否符合业务经营、账务收支的方针和计划及预算的规定，以确保经济业务的合理、合法和有效性。

2. 原始凭证与记账凭证有何区别？

（1）原始凭证是由经办人员填制的；记账凭证一律由会计人员填制。

（2）原始凭证是根据发生或完成的经济业务填制；记账凭证是根据审核后的原始凭证填制。

（3）原始凭证仅用以记录、证明经济业务已经发生或完成；记账凭证要依据会计科目对已经发生或完成的经济业务进行归类、整理。

（4）原始凭证是填制记账凭证的依据；记账凭证是登记账簿的依据。

3. 原始凭证的基本内容有哪些？

（1）凭证的名称；

（2）填制凭证的日期；

（3）填制凭证单位名称或者填制人姓名；

（4）经办人员的签名或盖章；

（5）接受凭证单位名称；

（6）经济业务内容；

（7）数量、单价、金额。

4. 原始凭证的审核包括哪些方面？

（1）真实性，即审核原始凭证是否如实地反映了经济业务的本来面貌，是不是伪造的凭证，是不是涂改、挖补、刮擦过的凭证。

（2）合法性，即审核原始凭证中所反映的经济业务是否符合国家的政策法令、规章制度和财经纪律。

（3）合理性，即审核原始凭证中所反映的经济内容是否应该发生，是否符合经济效益原则，尤其是在费用的开支方面，是否以最小的投入获得最大的产出。

（4）完整性，即审核原始凭证中应该填写的项目是否填写齐全，有关人员是否签字盖章等。

（5）正确性，即审核原始凭证中金额有无计算上的错误，应填写的内容是否书写清楚。

5. 原始凭证的填制应符合哪些要求？

（1）记录真实；

（2）内容完整；

（3）手续完备；

（4）书写清楚、规范；

（5）编号连续；

（6）不得涂改、刮擦、挖补；

（7）填制及时。

6. 记账凭证的基本内容有哪些？

（1）凭证名称；

（2）记账凭证编号；

（3）记账凭证的填制日期；

（4）经济业务内容摘要；

（5）会计科目的名称；

（6）金额；

（7）所附原始凭证的张数；

（8）有关责任人的签名或盖章。

7. 记账凭证的审核包括哪些内容？

记账凭证的审核主要从真实性、完整性、正确性和清晰性四个方面进行。

（1）真实性。主要是审核记账凭证是否附有原始凭证，所附原始凭证是否齐全、是否已审核无误、记录的内容是否与所附原始凭证的内容相符。

（2）完整性。主要是审核记账凭证的各个项目填列是否齐全，如日期、凭证编号、摘要、会计科目、金额、所附原始凭证张数及有关人员签章。

（3）正确性。主要审核应借、应贷的会计科目是否与会计准则的规定相符，账户的对应关系是否正确，所记录的金额是否与原始凭证的有关金额一致，计算是否正确等。

（4）清晰性。主要审核记账凭证中是否文字工整、数字清晰，是否按规定进行更正等。

七、业务计算题

（1）付款凭证

付款凭证　　总字第 1 号

贷方科目：银行存款　　202×年 1 月 3 日　　付字第 1 号

摘要	借方科目		金额										√
	总账科目	明细科目	千	百	十	万	千	百	十	元	角	分	
购买 A 材料，入库	原材料	A 材料				4	0	0	0	0	0	0	√
	应交税费	应交增值税（进）					5	2	0	0	0	0	√
合　计					¥	4	5	2	0	0	0	0	

附单据 1 张

会计主管：　　复核：　　出纳：　　制单：李娟　　记账：

（2）付款凭证

付款凭证　　总字第 2 号

贷方科目：库存现金　　202×年 1 月 10 日　　付字第 2 号

摘要	借方科目		金额										√
	总账科目	明细科目	千	百	十	万	千	百	十	元	角	分	
李明预借差旅费	其他应收款	李明					2	0	0	0	0	0	√
合　计						¥	2	0	0	0	0	0	

附单据 1 张

会计主管：　　复核：　　出纳：　　制单：李娟　　记账：

（3）收款凭证

收款凭证

总字第 3 号

借方科目：银行存款　　202×年 1 月 15 日　　收字第 1 号

摘　要	贷方科目		金额										√
	总账科目	明细科目	千	百	十	万	千	百	十	元	角	分	
销售产品，款已收	主营业务收入					5	0	0	0	0	0	0	√
	应交税费	应交增值税（销）					6	5	0	0	0	0	√
合　　计					¥	5	6	5	0	0	0	0	

附单据1张

会计主管：　　复核：　　出纳：　　制单：李娟　　记账：

（4）付款凭证

付款凭证

总字第 4 号

贷方科目：库存现金　　202×年 1 月 16 日　　付字第 3 号

摘　要	借方科目		金额										√
	总账科目	明细科目	千	百	十	万	千	百	十	元	角	分	
现金购买办公用品	制造费用	办公费						3	0	0	0	0	√
	管理费用	办公费						5	0	0	0	0	√
合　　计							¥	8	0	0	0	0	

附单据1张

会计主管：　　复核：　　出纳：　　制单：李娟　　记账：

（5）一张现金收款凭证和一张转账凭证

收款凭证

总字第 5 号

借方科目：库存现金　　202×年 1 月 16 日　　收字第 2 号

摘　要	贷方科目		金额										√
	总账科目	明细科目	千	百	十	万	千	百	十	元	角	分	
李明余款交回	其他应收款	李明						2	0	0	0	0	√
合　计							¥	2	0	0	0	0	

附单据 1 张

会计主管：　　复核：　　出纳：　　制单：李娟　　记账：

转账凭证

总字第 6 号

202×年 1 月 16 日　　转字第 1 号

摘　要	总账科目	√	明细科目	√	借方金额										贷方金额									
					千	百	十	万	千	百	十	元	角	分	千	百	十	万	千	百	十	元	角	分
李明报销	管理费用	√	差旅费	√					1	8	0	0	0	0										
差旅费	其他应收款	√	李明	√															1	8	0	0	0	0
合　计								¥	1	8	0	0	0	0				¥	1	8	0	0	0	0

附单据 1 张

会计主管：　　记账：　　出纳：　　复核：　　制单：郭萍

（6）转账凭证

转账凭证

总字第 7 号

202×年 1 月 18 日

转字第 2 号

摘　要	总账科目	√	明细科目	√	借方金额										贷方金额									
					千	百	十	万	千	百	十	元	角	分	千	百	十	万	千	百	十	元	角	分
发出材料	生产成本	√	甲产品	√					4	0	0	0	0	0										
	生产成本	√	乙产品	√					3	4	0	0	0	0										
	制造费用	√	间接材料	√						6	0	0	0	0										
	原材料	√	A 材料	√															8	0	0	0	0	0
合　计								¥	8	0	0	0	0	0				¥	8	0	0	0	0	0

附单据 1 张

会计主管：　　记账：　　出纳：　　复核：　　制单：郭萍

（7）收款凭证

收款凭证

总字第 8 号

借方科目：银行存款　　202×年 1 月 20 日

收字第 3 号

摘　要	贷方科目		金额										√
	总账科目	明细科目	千	百	十	万	千	百	十	元	角	分	
收回长江公司欠款	应收账款	长江公司				1	2	0	0	0	0	0	√
合　计					¥	1	2	0	0	0	0	0	

附单据 1 张

会计主管：　　复核：　　出纳：　　制单：李娟　　记账：

（8）转账凭证

转账凭证

总字第9号

202×年1月31日

转字第3号

摘要	总账科目	√	明细科目	√	借方金额										贷方金额									
					千	百	十	万	千	百	十	元	角	分	千	百	十	万	千	百	十	元	角	分
结转产品的	主营业务成本	√						3	0	0	0	0	0	0										
销售成本	库存商品	√																3	0	0	0	0	0	0
合计							¥	3	0	0	0	0	0	0			¥	3	0	0	0	0	0	0

附单据1张

会计主管：　　记账：　　出纳：　　复核：　　制单：郭萍

第七章 会计账簿

一、名词解释

1. 会计账簿：简称账簿，又称账本，是指由具有一定格式、相互联系的账页组成的，以审核无误的会计凭证为依据，用来序时、分类地记录和反映有关经济业务的会计簿籍。

2. 序时账簿：简称序时账，又称日记账，是按照经济业务发生时间的先后顺序，逐日逐笔登记经济业务的账簿。

3. 分类账簿：简称分类账，是对全部经济业务按照总分类账户和明细分类账户进行分类登记的账簿。分类账簿又分总分类账簿和明细分类账簿。

4. 备查账簿：简称备查账，又称辅助账簿，是对某些未能在序时账和分类账中记录的事项或记载不全的经济业务进行补充登记的账簿。

5. 订本式账簿：简称订本账，是在启用前就将一定数量的账页固定装订在一起的账簿。

6. 活页式账簿：简称活页账，是在启用前并不将账页固定地装订在一起，而是根据需要将零星的账页集中后放置在账夹内，可随时添加取放的账簿。

7. 卡片式账簿：简称卡片账，是在启用前由一定数量具有专门格式的、分散的硬卡片组成的账簿。

8. 普通日记账：又称分录簿，是用来记录全部经济业务发生情况的簿籍。它的特点是将发生的每一笔经济业务，按其发生时间的先后顺序，依据原始凭证逐笔登记。

9. 特种日记账：是指专门用来记录某一类经济业务发生情况的账簿。

10. 对账：是指在会计期末对有关账簿记录进行核对，以保证账簿记录正确性的工作。

11. 结账：是指按照规定将一定时期内所发生的经济业务登记入账，并将各种账簿结算清楚的账务处理工作。

12. 划线更正法：是指用划单红线注销原有错误记录，另用蓝字作正确记录以更正错误的方法。

13. 红字更正法：是指用红字冲销或冲减原有数额，以更正或调整账簿记录的一种方法。

14. 补充登记法：是指用蓝字补充原有金额，以更正或调整账簿记录的一种方法。

二、单项选择题

1. C	2. C	3. D	4. B	5. A
6. C	7. A	8. B	9. D	10. C
11. D	12. B	13. B	14. B	15. B

16. C	17. D	18. D	19. C	20. C

三、多项选择题

1. ACD	2. CDE	3. ABE	4. ABCE	5. BCD
6. ABE	7. ABC	8. ABCD	9. ABCDE	10. ABCDE
11. ABC	12. ABC	13. ABCDE	14. ABC	15. DE
16. ACE	17. ABD	18. ACDE	19. AD	20. CD

四、不定项选择题

1. C	2. D	3. D	4. ACD	5. ABC
6. C	7. CD	8. ABD	9. ACD	10. ABD

五、判断题

1. ×	2. ×	3. ×	4. ×	5. √
6. √	7. √	8. √	9. √	10. ×

六、简答题

1. 简述会计账簿的意义。

设置和登记会计账簿是会计核算的一种专门方法，也是会计核算的中心环节，对充分发挥会计在经济管理中的作用具有重要意义。

（1）会计账簿是全面系统地登记和积累会计资料的重要工具；

（2）会计账簿是编制财务报表的主要依据；

（3）会计账簿是会计分析和会计检查的必需资料。

2. 简要说明会计账簿按其外表形式划分的类别。

会计账簿按其外表形式不同，可分为订本式账簿、活页式账簿和卡片式账簿。

（1）订本式账簿，简称订本账，是在启用前就将一定数量的账页固定装订在一起的账簿。这种账簿的账页不能随意调换，一般用于重要、具有统驭性的账簿。但这种形式的账簿使用起来要为每一个账户预留空白账页，如留页不够会影响账户的连续记录，留页过多又会造成浪费等。

（2）活页式账簿，简称活页账，是在启用前并不将账页固定地装订在一起，而是根据需要将零星的账页集中后放置在账夹内，可随时添加取放的账簿。其优点是可以根据记账需要随时增、减账页，灵活装订，从而能够提高工作效率且有利于记账人员的分工合作。但是，由于其很容易被调换或丢失，所以一般用于明细账。

（3）卡片式账簿，简称卡片账，是在启用前由一定数量具有专门格式、分散的硬卡片组成的账簿。该账簿的优缺点与活页账相似。它可以跨年度使用，不需要每年更换。

3. 简述会计账簿的设置原则。

每一个特定单位都应该根据其自身经济业务的特点及经济管理的需要，设置相应的账簿体系，包括确定账簿的种类、设计账页的格式、规定账簿的登记方法等。一般而言，设置账簿应遵循下列原则：

（1）适应规模，满足需要；

（2）体系完整，组织严密；

（3）简便易行，结合实际。

4. 简单说明记账过程中允许使用红笔的情况。

红笔一般只限于在结账时划线、改错、冲账等规定情况下使用。

（1）在只设借方栏（或只设贷方栏）的多栏式账页中，登记减少数；

（2）在三栏式账页的余额栏前，如未印明余额方向的，在余额栏内登记负数余额；

（3）按照红字更正法更正错账和冲销错误的账簿记录；

（4）按照规定应该使用红笔划线，如划线更正法更正错账时划线注销及在期末结账时用红笔划结账线（除年末为双红线外，其余期末皆为单红线）；

（5）根据国家统一会计制度的规定可以使用红字登记的其他会计记录。

5. 简述对账工作的主要内容。

（1）账证核对。账证核对是将账簿记录与据以记账的记账凭证核对，必要时再与原始凭证核对。

（2）账账核对。账账核对是指核对不同会计账簿之间的账簿记录是否相符。具体又包括：①总账有关账户的核对；②总账与明细账核对；③总账与日记账核对；④会计部门的财产物资明细账与财产物资保管和使用部门的有关明细账核对。

（3）账实核对。账实核对是指核对会计账簿记录与各项财产物资、货币资金、债权债务等实有数额是否相符，也称为“财产清查”。具体又包括：①库存现金日记账账面余额与现金实际库存数相核对；②银行存款日记账账面余额定期与银行对账单核对；③各种财物明细账账面余额与财物实存数额相核对；④各种应收、应付款明细账账面余额与有关债务、债权单位或者个人核对等。

6. 简述错账更正的方法及其适用性。

错账更正的方法主要有划线更正法、红字更正法及补充登记法。

（1）划线更正法，是指用划单红线注销原有错误记录，另用蓝字作正确记录以更正错误的方法。其适用于记账凭证没有差错，但账簿记录中文字或数字出错，在记账当时或在结账前就发现的错误的更正。

（2）红字更正法，是指用红字冲销或冲减原有数额，以更正或调整账簿记录的一种方法。其适用于：①记账以后发现据以过账的记账凭证中记账方向、会计科目都没有出错，只是所记金额大于应记金额；②记账以后发现据以过账的记账凭证本身就已发生了错误，包括借贷方发生额虽然正确但填错了科目或者会计科目和借贷方发生额均已出错，总之是会计科目出现了差错的情况。

（3）补充登记法，是指用蓝字补充原有金额，以更正或调整账簿记录的一种方法。其适用于记账凭证中会计科目及记账方向都对，只是所记金额小于应记金额的情况。

七、业务计算题

练习一

库存现金日记账

202×年		凭证		摘要	对方科目	借方	贷方	余额
月	日	种类	编号					
6	1			期初余额				800
	1	银付	601	提取现金	银行存款	1 200		2 000
	1	现付	601	预支差旅费	其他应收款		1 000	1 000
	1	现收	601	收到职工赔款	营业外收入	150		1 150
	1	现付	602	购办公用品	管理费用		300	850
	1	现收	602	收到零星销售款	主营业务收入	1 000		1 850
					应交税费	130		1 980
	1	现付	603	将多余款存入银行	银行存款		1 020	960
	1			本日合计		2 480	2 320	960

银行存款日记账

202×年		凭证		摘要	对方科目	借方	贷方	余额
月	日	种类	编号					
6	1			期初余额				30 000
	1	银收	601	取得短期借款	短期借款	100 000		130 000
	1	银付	601	提取现金	库存现金		1 200	128 800
	1	银付	602	购买材料	原材料		10 000	118 800
					应交税费		1 300	117 500
	1	银收	602	销售货物	主营业务收入	100 000		217 500
					应交税费	13 000		230 500
	1	现付	603	多余款存入银行	库存现金	1 020		231 520
	1			本日合计		214 020	12 500	231 520

练习二

（1）错，适用红字更正法

借：财务费用 [200]

　　贷：库存现金 [200]

借：管理费用 200

　　贷：库存现金 200

（2）错，适用红字更正法

借：管理费用 [3 000]

贷：银行存款 3 000

借：预付账款 3 000

贷：银行存款 3 000

（3）错，适用补充登记法

借：库存商品 27 000

贷：生产成本 27 000

（4）错，适用红字更正法

借：银行存款 900

贷：应收账款 900

（5）对

（6）错，适用划线更正法

在“管理费用”账上，用红笔将此“4 300”划销，再在其上方写上“3 400”，并由改正者盖章。

（7）错，适用红字更正法

借：本年利润 1 480 000

贷：主营业务收入 1 480 000

借：主营业务收入 1 480 000

贷：本年利润 1 480 000

（8）错，适用红字更正法

借：应付账款 7 600

贷：应付票据 7 600

借：应付账款 7 600

贷：银行存款 7 600

（9）错，适用红字更正法

借：管理费用 2 000

贷：库存现金 2 000

借：其他应收款 2 000

贷：库存现金 2 000

（10）对

第八章 财产清查

一、名词解释

1. 财产清查：是通过对会计核算单位的货币资金、存货、固定资产、债权、债务、有价证券等的盘点或核对，以查明其实有数与账存数是否相符，并查明账实不符的原因的一种会计核算方法。

2. 全面清查：是指对单位的全部财产进行全面、彻底的清点和核对。

3. 局部清查：是指对单位的部分财产所进行的清查。

4. 定期清查：是指按规定或预先计划安排的时间对财产所进行的清查。

5. 不定期清查：是指不规定清查时间，而是根据需要所进行的临时性清查。

6. 永续盘存制：是指通过账簿记录连续反映各项财产物资增减变化及结存情况的方法。

7. 盘存单：是记录各项存货实存数量盘点的书面证明，也是财产清查工作的原始凭证之一。

8. 未达账项：是指由于结算凭证传递时间的原因，造成企业与银行双方之间对于同一项业务，一方先收到结算凭证、先收款或付款记账，而另一方尚未收到结算凭证、未收款或未付款未记账的账项。

二、单项选择题

1. C	2. C	3. B	4. C	5. A
6. B	7. B	8. A	9. D	10. B
11. C	12. B	13. A	14. C	15. D
16. C	17. B	18. C	19. B	20. A
21. B	22. B			

三、多项选择题

1. BC	2. ADE	3. BCDE	4. ABC	5. AB
6. ABCDE	7. BDE	8. ABCD	9. ABD	10. AC
11. BDE	12. ABCD	13. ADE	14. CD	15. CDE

四、不定项选择题

1. C	2. D	3. D	4. BCD	5. C
6. ABCD	7. ABCDE	8. AD		

五、判断题

1. ×	2. ×	3. √	4. √	5. √
6. ×	7. √	8. ×	9. ×	10. ×

六、简答题

1. 什么是财产清查？财产清查的作用有哪些？

财产清查，是通过对财产物资、货币资金和往来款项进行实地盘点与核对，以查明其实有数同账面数是否相符的一种专门的会计方法。财产清查主要有以下几方面的作用：①保证会计资料的真实性；②保护财产物资的安全完整，加强经济责任；③保证财经纪律和结算纪律的贯彻执行；④促进企业经营管理工作的改进，提高经济效益。

2. 简述财产清查按清查时间分类的基本内容。

财产清查按清查时间分为定期清查和不定期清查。定期清查是指根据管理制度的规定或预先的安排，对财产物资、货币资金和往来款项进行盘点和核对。这种清查通常在年末、季末、月末结账时进行，目的主要在于保证会计核算资料的真实、正确。定期清查根据不同需要，可以全面清查，也可以局部清查。一般情况下，年末进行全面清查，季末、月末则只进行局部清查。不定期清查是事先并不规定清查时间，而是根据实际需要临时决定对财产物资进行盘点与核对。一般在以下情况下进行：①更换财产物资和库存现金保管人员；②发生非常灾害和意外损失；③上级主管部门、财政和审计部门，要对本单位进行会计检查；④按照有关规定，摸清企业的家底。

3. 简述“待处理财产损溢”账户的用途和结构。

“待处理财产损溢”账户是资产类账户，用以反映和监督各单位在财产清查过程中查明的各种财产的盘盈、盘亏、毁损及其转销情况。借方登记发生的待处理财产盘亏、毁损数和结转已批准处理的财产盘盈数；贷方登记发生的待处理财产盘盈数和结转已批准处理的财产盘亏和毁损数。账户的余额在借方，表示尚未批准处理的财产物资的净损失；余额在贷方，表示尚未批准处理的财产物资的净溢余。

4. 简述未达账项的情况和调整方法。

企业与银行之间的未达账项大致有以下四种情况：①银行已收款入账，而企业尚未收款入账。②银行已付款入账，而企业尚未付款入账。③企业已收款入账，而银行尚未收款入账。④企业已付款入账，而银行尚未付款入账。

任何一种未达账项存在，都需要采用一定的方法进行调整，一般是通过银行存款余额调节表进行的。在银行存款日记账余额和银行对账单余额的基础之上，分别加减未达账项，调整后双方的余额应该相等，并且是企业当时实际可以动用的款项。

七、业务计算题

练习一

银行存款余额调节表

202×年11月30日　　　　单位：元

项　目	金额	项　目	金额
企业银行存款日记账余额	70 000	银行对账单存款户余额	84 000
加：企业未入账的收入款项	26 000	加：银行未入账的收入款项	12 600
减：企业未入账的付出款项	2 500	减：银行未入账的付出款项	3 100
调节后的存款余额	93 500	调节后的存款余额	93 500

练习二

（1）在查明原因报经批准前：

借：库存现金　200

　贷：待处理财产损溢——待处理流动资产损溢　200

在查明原因报经批准后：

借：待处理财产损溢——待处理流动资产损溢　200

　贷：其他应付款——天诚公司　140

　　营业外收入　60

（2）在查明原因报经批准前：

借：待处理财产损溢——待处理流动资产损溢　70

　贷：库存现金　70

在查明原因报经批准后：

借：其他应收款——朱利　40

　管理费用　30

　贷：待处理财产损溢——待处理流动资产损溢　70

练习三

（1）借：待处理财产损溢——待处理流动资产损溢　525

　贷：库存商品——A产品　525

借：其他应收款　525

　贷：待处理财产损溢——待处理流动资产损溢　525

（2）借：待处理财产损溢——待处理流动资产损溢　4 900

　贷：原材料——甲材料　4 900

借：营业外支出　4 900

　贷：待处理财产损溢——待处理流动资产损溢　4 900

（3）借：固定资产　5 600

　贷：以前年度损溢调整　5 600

（4）借：待处理财产损溢——待处理流动资产损溢　200

　贷：原材料——乙材料　200

借：管理费用　　200
　　贷：待处理财产损溢——待处理流动资产损溢　　200
（5）借：原材料——丙材料　　100
　　贷：待处理财产损溢——待处理流动资产损溢　　100
借：待处理财产损溢——待处理固定资产损溢　　100
　　贷：管理费用　　100

练习四

（1）借：待处理财产损溢——待处理固定资产损溢　　5 500
　　累计折旧　　4 500
　　贷：固定资产　　10 000
（2）借：待处理财产损溢——待处理流动资产损溢　　600
　　贷：库存商品　　600
（3）借：待处理财产损溢——待处理流动资产损溢　　50
　　贷：库存现金　　50

批准后：

（1）借：营业外支出　　5 500
　　贷：待处理财产损溢——待处理固定资产损溢　　5 500
（2）借：其他应收款　　600
　　贷：待处理财产损溢——待处理流动资产损溢　　600
（3）借：其他应收款　　50
　　贷：待处理财产损溢——待处理流动资产损溢　　50

第九章 账务处理程序

一、名词解释

1. 账务处理程序：也称会计核算程序、会计核算组织程序、会计核算形式，是指运用各种会计核算方法，产生和提供会计信息的方法和步骤。

2. 记账程序：是指从会计凭证的取得、填制、传递，到会计账簿的登记，直至编制财务报表这一整个过程的具体步骤。

3. 记账凭证账务处理程序：是最基本的一种账务处理程序，是直接根据记账凭证逐笔登记总分类账的一种账务处理程序。

4. 科目汇总表账务处理程序：是定期将所有的记账凭证汇总编制成科目汇总表，然后再根据科目汇总表登记总分类账的一种账务处理程序。

5. 科目汇总表：是根据记账凭证定期汇总编制的，列示所有总分类账户本期借贷方发生额，并据以登记总分类账的一种表格。

6. 汇总记账凭证账务处理程序：是定期将所有的记账凭证按收、付凭证和转账凭证分别归类汇总编制成汇总记账凭证，然后再根据汇总记账凭证登记总分类账的一种账务处理程序。

二、单项选择题

1. A	2. A	3. A	4. C	5. D
6. A	7. C	8. C	9. A	10. D
11. C	12. C	13. D	14. B	15. A
16. B	17. A	18. A	19. C	20. D

三、多项选择题

1. ACD	2. ACD	3. ABC	4. AB	5. ABC
6. BC	7. AB	8. ABC	9. ABE	10. BCD
11. ACDE	12. ABC	13. ABD	14. ACE	15. AB

四、不定项选择题

1. D	2. B	3. AB	4. B	5. AC
6. AD	7. C	8. AB	9. B	10. ABCD

五、判断题

1. √	2. ×	3. √	4. √	5. √
6. √	7. ×	8. √	9. √	10. √

六、简答题

1. 简述记账凭证账务处理程序的具体步骤。

（1）根据原始凭证或原始凭证汇总表填制记账凭证（通用或专用）；

（2）根据收款凭证、付款凭证逐笔登记库存现金日记账和银行存款日记账；

（3）根据记账凭证和原始凭证（或原始凭证汇总表）逐笔登记明细账；

（4）根据记账凭证逐笔登记总账；

（5）月终，日记账余额及各种明细账余额的合计数，分别与总分类账中有关账户的余额核对相符；

（6）月终，根据总分类账、各明细分类账和有关资料编制财务报表。

2. 简述科目汇总表账务处理程序的具体步骤。

（1）根据原始凭证或原始凭证汇总表填制记账凭证；

（2）根据收款凭证和付款凭证逐笔登记库存现金日记账和银行存款日记账；

（3）根据记账凭证或原始凭证（或原始凭证汇总表）逐笔登记各种明细分类账；

（4）根据各种记账凭证定期编制科目汇总表；

（5）根据科目汇总表登记总分类账；

（6）月终，日记账余额及各种明细账余额的合计数，分别与总分类账中有关账户的余额核对相符；

（7）月终，根据总分类账、各明细分类账和有关资料编制财务报表。

3. 简述汇总记账凭证账务处理程序的具体步骤。

（1）根据原始凭证或原始凭证汇总表填制专用记账凭证；

（2）根据收款凭证和付款凭证逐笔登记库存现金日记账和银行存款日记账；

（3）根据记账凭证或原始凭证（或原始凭证汇总表）逐笔登记各种明细分类账；

（4）根据各种记账凭证定期编制汇总记账凭证；

（5）根据汇总记账凭证登记总分类账；

（6）月终，日记账余额及各种明细账余额的合计数，分别与总分类账中有关账户的余额核对相符；

（7）月终，根据总分类账、各明细分类账和有关资料编制财务报表。

4. 简述科目汇总表账务处理程序的优缺点及适用范围。

优点：根据科目汇总表登记总账，大大减少了登记总账的工作量，而且还可以利用科目汇总表进行试算平衡。

缺点：由于科目汇总表是定期汇总每一科目的本期借方、贷方发生额，而并不按对应账户进行归类汇总，故科目汇总表反映不出账户的对应关系，不便于分析检查经济业务的来龙去脉。

适用范围：由于采用科目汇总表汇总之后再予以登记总账，即使企业的经济业务相对较多，登记总账的工作量也是可以减少的，所以科目汇总表账务处理程序适用于规模大、业务量较多的企业。

5. 简述汇总记账凭证账务处理程序的优缺点及适用范围。

优点：平时只填制专用凭证，无需过入总账，定期把若干张专用记账凭证分现收、银收、现付、银付及转账凭证归类汇总，月终根据汇总记账凭证一次过入总分类账，大大简化了登记总账的工作。此外，由于采取的是分类且按照对应的科目进行汇总，所以该账务处理程序还能够反映账户之间的对应关系。

缺点：在减少登记总账工作量的同时，也增加了一些填制汇总转账凭证的工作。

适用范围：该程序一般适用于规模较大、业务较多的企业。

6. 合理、适用的账务处理程序一般应符合哪些要求？

合理、适用的账务处理程序一般应符合下列要求：

（1）要与企业自身的规模大小、业务繁简程度相适应；

（2）能及时、全面地提供会计信息，以满足有关方面使用会计信息的需要；

（3）要有利于节约人力和物力，尽可能简化不必要的核算手续，即体现效益大于成本的原则，提高会计工作效率，节约账务处理成本。

七、业务计算题

练习一

第一，根据红光有限责任公司12月份发生的经济业务，填制收款凭证、付款凭证和转账凭证（限于篇幅，以下用会计分录代替记账凭证）；

（1）12月2日，银付001

借：原材料——甲材料	100 000	
应交税费——应交增值税（进项税额）	13 000	
贷：银行存款		113 000

（2）12月5日，银付002

借：原材料——乙材料	105 000	
应交税费——应交增值税（进项税额）	13 650	
贷：银行存款		118 650

（3）12月6日，银收001

借：银行存款	84 750	
贷：主营业务收入		75 000
应交税费——应交增值税（销项税额）		9 750

（4）12月11日，银收002

借：银行存款	113 000	
贷：主营业务收入		100 000
应交税费——应交增值税（销项税额）		13 000

（5）12月13日，银付003

借：销售费用	6 000	
贷：银行存款		6 000

（6）12月15日，现付001

借：管理费用	100	
贷：库存现金		100

（7）12月20日，银付004

借：制造费用	8 232	
管理费用	2 500	

贷：银行存款　10 732

（8）12 月 21 日，银付 005

借：应付职工薪酬　122 208

贷：银行存款　122 208

（9）12 月 22 日，转 001

借：应收账款——久久公司　237 300

贷：主营业务收入　210 000

应交税费——应交增值税（销项税额）　27 300

（10）12 月 23 日，转 002

借：应收账款——金立公司　67 800

贷：主营业务收入　60 000

应交税费——应交增值税（销项税额）　7 800

（11）12 月 24 日，银付 006

借：销售费用　2 000

贷：银行存款　2 000

（12）12 月 25 日，现付 002

借：管理费用　100

贷：库存现金　100

（13）12 月 27 日，银收 003

借：银行存款　250 000

贷：应收账款——久久公司　250 000

（14）12 月 28 日，现付 003

借：其他应收款　500

贷：库存现金　500

（15）12 月 30 日，转 003

借：管理费用　300

贷：其他应收款　300

现收 001

借：库存现金　200

贷：其他应收款　200

（16）12 月 31 日，转 004

借：制造费用　12 000

管理费用　8 000

贷：累计折旧　20 000

（17）12 月 31 日，转 005

借：生产成本——A 产品　98 500

——B 产品　53 500

制造费用　34 328

管理费用　10 000

贷：原材料　196 328

(18) 12 月 31 日，转 006

借：生产成本——A 产品	45 030	
——B 产品	25 878	
制造费用	22 800	
管理费用	28 500	
贷：应付职工薪酬		122 208

(19) 12 月 31 日，转 007

借：生产成本——A 产品	51 110	
——B 产品	26 250	
贷：制造费用		77 360

(20) 12 月 31 日，转 008

借：库存商品——A 产品	200 000	
——B 产品	105 000	
贷：生产成本——A 产品		200 000
——B 产品		105 000

(21) 12 月 31 日，转 009

借：财务费用	5 000	
贷：应付利息		5 000

(22) 12 月 31 日，转 010

借：主营业务成本	302 000	
贷：库存商品		302 000

(23) 12 月 31 日，转 011

借：税金及附加	9 500	
贷：应交税费——应交城市建设维护税		6 700
——应交教育费附加		2 800

(24) 12 月 31 日，转 012

借：主营业务收入	445 000	
贷：本年利润		445 000

(25) 12 月 31 日，转 013

借：本年利润	374 000	
贷：主营业务成本		302 000
税金及附加		9 500
销售费用		8 000
管理费用		49 500
财务费用		5 000

(26) 12 月 31 日，转 014

借：所得税费用	17 675	
贷：应交税费——应交所得税		17 675

(27) 12 月 31 日，转 015

借：本年利润	17 675	

贷：所得税费用　　　　　　　　　　　　　　　　　17 675

（28）12 月 31 日，转 016

借：利润分配——提取法定盈余公积　　　　　　　60 000

　　　　　　——应付股利　　　　　　　　　　350 000

　贷：盈余公积　　　　　　　　　　　　　　　　　60 000

　　　应付股利　　　　　　　　　　　　　　　　350 000

（29）12 月 31 日，转 017

借：本年利润　　　　　　　　　　　　　　　　600 000

　贷：利润分配——未分配利润　　　　　　　　　600 000

（30）12 月 31 日，转 018

借：利润分配——未分配利润　　　　　　　　　350 000

　贷：利润分配——提取法定盈余公积　　　　　　　60 000

　　　　　　　——应付股利　　　　　　　　　　350 000

（31）12 月 31 日，银付 007

借：应交税费——应交所得税　　　　　　　　　　20 000

　　　　　——应交增值税（已交税金）　　　　　40 000

　贷：银行存款　　　　　　　　　　　　　　　　　60 000

第二，根据所编制的银行存款收款凭证和银行存款付款凭证，逐日逐笔登记银行存款日记账。（为方便起见，不进行日结）

银行存款日记账

202×年		凭证		摘要	借方									贷方									借或贷	余额								
月	日	字	号		百	十	万	千	百	十	元	角	分	百	十	万	千	百	十	元	角	分		百	十	万	千	百	十	元	角	分
12	1			期初余额																			借	1	6	0	6	0	0	0	0	0
	2	银付	001	支付购料款											1	1	3	0	0	0	0	0										
	5	银付	002	支付购料款											1	1	8	6	5	0	0	0										
	6	银收	001	售货收款			8	4	7	5	0	0	0																			
	11	银收	002	售货收款		1	1	3	0	0	0	0	0																			
	13	银付	003	付广告费													6	0	0	0	0	0										
	21	银付	004	付水电费												1	0	7	3	2	0	0										
	22	银付	005	支付工资											1	2	2	2	0	8	0	0										
	24	银付	006	付运费													2	0	0	0	0	0										
	27	银收	003	收回欠款		2	5	0	0	0	0	0	0																			
	31	银付	007	交纳税款												6	0	0	0	0	0	0										
12	31			本月合计		4	4	7	7	5	0	0	0		4	3	2	5	9	0	0	0	借	1	6	2	1	1	6	0	0	0

第三，根据原始凭证和所编制的记账凭证，登记明细分类账。只登记“应收账款”“原材料”两个总账的明细账。

原材料明细表

二级科目 甲材料　　　　单位：千克、元

202×年		凭证字号	摘要	收入			发出			结存		
月	日			数量	单价	金额	数量	单价	金额	数量	单价	金额
12	1		月初余额							3 500	10.00	35 000
	2	银付1	材料入库	10 000	10.00	100 000				13 500		135 000
	31	转006	生产领用				7 932.80	10.00	79 328	5 567.20	10.00	55 672
12	31		本月合计	10 000	—	100 000	7 932.80	—	79 328	5 567.20	—	55 672

原材料明细表

二级科目 乙材料　　　　单位：千克、元

202×年		凭证字号	摘要	收入			发出			结存		
月	日			数量	单价	金额	数量	单价	金额	数量	单价	金额
12	1		月初余额							3 000	15.00	45 000
	5	银付2	材料入库	7 000	15.00	105 000				10 000	15.00	105 000
	31	转006	生产领用				7 800	15.00	117 000	2 200	15.00	33 000
12	31		本月合计	7 000	—	105 000	7 800	—	117 000	2 200	—	33 000

应收账款——久久公司　明细账户

202×年		凭证		摘要	借方									贷方									借或贷	余额								
月	日	字	号		百	十	万	千	百	十	元	角	分	百	十	万	千	百	十	元	角	分		百	十	万	千	百	十	元	角	分
12	1			期初余额																			借			4	0	0	0	0	0	0
	22	转	002	销售A产品		2	3	7	3	0	0	0	0																			
	27	银收	003	收回欠款											2	5	0	0	0	0	0	0										
12	31			本月合计		2	3	7	3	0	0	0	0		2	5	0	0	0	0	0	0	借			2	7	3	0	0	0	0

应收账款——金立公司　明细账户

202×年		凭证		摘要	借方									贷方									借或贷	余额								
月	日	字	号		百	十	万	千	百	十	元	角	分	百	十	万	千	百	十	元	角	分		百	十	万	千	百	十	元	角	分
12	1			期初余额																			借			4	5	0	0	0	0	0
	23	转	003	销售B产品			6	7	8	0	0	0	0																			
12	31			本月合计			6	7	8	0	0	0	0										借		1	1	2	8	0	0	0	0

第四，根据记账凭证逐笔登记总账。只登记“应收账款”“原材料”两个总账的明细账。

原材料 总分类账户

202×年		凭证		摘要	借方									贷方									借或贷	余额								
月	日	字	号		百	十	万	千	百	十	元	角	分	百	十	万	千	百	十	元	角	分		百	十	万	千	百	十	元	角	分
12	1			期初余额																			借			8	0	0	0	0	0	0
	2	银付	001	购买材料		1	0	0	0	0	0	0	0																			
	5	银付	002	购买材料		1	0	5	0	0	0	0	0																			
	31	转	006	生产领用											1	9	6	3	2	8	0	0										
12	31			本月合计		2	0	5	0	0	0	0	0		1	9	6	3	2	8	0	0	借			8	8	6	7	2	0	0

应收账款 总分类账户

202×年		凭证		摘要	借方									贷方									借或贷	余额								
月	日	字	号		百	十	万	千	百	十	元	角	分	百	十	万	千	百	十	元	角	分		百	十	万	千	百	十	元	角	分
12	1			期初余额																			借			8	5	0	0	0	0	0
	22	转	002	销售 A 产品		2	3	7	3	0	0	0	0																			
	23	转	003	销售 B 产品			6	7	8	0	0	0	0																			
	27	银收	003	收回欠款											2	5	0	0	0	0	0	0										
12	31			本月合计		3	0	5	1	0	0	0	0		2	5	0	0	0	0	0	0	借		1	4	0	1	0	0	0	0

练习二

第一、第二、第三同练习一。

第四，月末，根据记账凭证编制科目汇总表。

科目汇总表

202×年 12 月　　　　单位：元

会计科目	本期借方发生额	本期贷方发生额
库存现金	200	700
银行存款	447 750	432 590
应收账款	305 100	250 000
其他应收款	500	500
原材料	205 000	196 328
库存商品	305 000	302 000
生产成本	300 268	305 000
制造费用	77 360	77 360
累计折旧		20 000
应付职工薪酬	122 208	122 208
应交税费	86 650	85 025
应付利息		5 000

续表

会计科目	本期借方发生额	本期贷方发生额
应付股利		350 000
本年利润	991 675	445 000
盈余公积		60 000
利润分配	820 000	1 010 000
主营业务成本	302 000	302 000
税金及附加	9 500	9 500
销售费用	8 000	8 000
财务费用	5 000	5 000
管理费用	49 500	49 500
所得税费用	17 765	17 765
主营业务收入	445 000	445 000
合　计	4 498 386	4 498 386

练习三

第一、第二、第三同练习一。

第四，月末，根据记账凭证分别编制汇总收款凭证、汇总付款凭证。

汇总收款凭证

借方科目：库存现金　　202×年12月　　第1号

贷方科目	金额				总账页数	
	1—10日 收款凭证 第 号至第 号	11—20日 收款凭证 第 号至第 号	21—31日 收款凭证 第1号至第 号	合计	借方	贷方
其他应收款			200	200		
合计			200	200		

汇总收款凭证

借方科目：银行存款　　202×年12月　　第2号

贷方科目	金额				总账页数	
	1—10日 收款凭证 第1号至第 号	11—20日 收款凭证 第2号至第 号	21—31日 收款凭证 第3号至第 号	合计	借方	贷方
应收账款			250 000	250 000		
应交税费	9 750	13 000		22 750		
主营业务收入	75 000	100 000		175 000		
合 计	84 750	113 000		447 750		

汇总付款凭证

贷方科目：库存现金　　　　　202×年12月　　　　　第3号

借方科目	金额				总账页数	
	1—10日 付款凭证 第 号至第 号	11—20日 付款凭证 第1号至第1号	21—31日 付款凭证 第2号至第3号	合计	借方	贷方
其他应收款			500	500		
管理费用		100	100	200		
合 计		100	600	700		

汇总付款凭证

贷方科目：银行存款　　　　　202×年12月　　　　　第4号

借方科目	金额				总账页数	
	1—10日 付款凭证 第1号至 第2号	11—20日 付款凭证 第3号至 第4号	21—31日 付款凭证 第5号至 第6号	合计	借方	贷方
原材料	205 000			205 000		
制造费用		8 232		8 232		
应交税费	26 650		60 000	86 650		
应付职工薪酬			122 208	122 208		
销售费用		6 000	2 000	8 000		
管理费用		2 500		2 500		
合 计	231 650	16 732	184 208	432 590		

第十章 财务报告

一、名词解释

1. 财务报告：是对企业财务状况、经营成果和现金流量的结构性表述的书面文件，又称为财务会计报告。

2. 资产负债表：是指反映企业某一特定日期财务状况的财务报表。

3. 利润表：是指反映企业在一定会计期间经营成果的财务报表，又称损益表。

4. 现金流量表：是以收付实现制为基础编制的、反映企业一定会计期间内现金及现金等价物流入和流出信息的财务报表。

5. 所有者权益变动表：是反映企业一定期间内，所有者权益的各组成部分当期增减变动情况的财务报表。

二、单项选择题

1. D	2. B	3. B	4. A	5. A
6. A	7. B	8. C	9. C	10. B
11. B	12. C	13. A	14. D	15. C
16. D	17. C	18. A	19. B	20. B
21. C	22. B	23. A	24. B	25. D
26. C	27. C	28. D	29. D	30. D
31. C	32. B	33. D	34. C	35. C
36. D	37. D	38. A	39. B	

三、多项选择题

1. ABCDE	2. ABC	3. AB	4. ACDE	5. ABD
6. ABE	7. ADE	8. ABCDE	9. AC	10. BCDE
11. ACDE	12. BCE	13. AC	14. ABDE	15. ABD
16. ABDE	17. ABCD	18. ABC	19. BCD	20. ABCDE
21. BD				

四、不定项选择题

1. C	2. BCD	3. BC	4. AB	5. ABDE
6. C	7. ADE	8. ADE	9. ACD	

五、判断题

1. ×	2. ×	3. ×	4. ×	5. √

6. √	7. ×	8. √	9. ×	10. √
11. √	12. ×	13. √	14. √	15. √
16. ×	17. ×	18. ×	19. ×	

六、简答题

1. 简述财务报告的作用。

财务报告的作用主要体现在以下几个方面：①为企业的投资者和潜在投资者进行投资决策提供信息资料；②为企业的债权人进行信贷决策提供信息资料；③为政府有关部门对企业进行检查和监督提供信息资料；④为企业管理当局和员工加强企业经营管理提供信息资料。

2. 简述财务报表分类的基本内容。

①按反映的经济内容划分为财务状况报表、经营成果报表和成本费用报表；②按反映的资金运动状况划分为静态报表和动态报表；③按反映的时间划分为中期财务报表和年度财务报表；④按编制的会计主体划分为个别财务报表和合并财务报表；⑤按报送的对象划分为内部报表和外部报表。

3. 资产负债表的主要作用有哪些？

资产负债表的主要作用表现在以下几方面：①反映企业拥有的资产总额和构成状况；②反映企业资金的来源渠道和结构状况；③反映企业的财务状况和偿债能力等信息。

4. 利润表的主要作用有哪些？

利润表的主要作用表现在如下几方面：①反映企业经营业绩的信息；②反映企业盈利能力的信息；③反映企业经营成果分配依据的信息。

5. 现金流量表的主要作用有哪些？

现金流量表的主要作用为：①有助于掌握企业现金流入和流出信息；②有助于评价企业的偿债能力和资金周转能力；③有助于分析企业收益质量。

七、业务计算题

练习一

某企业某年 9 月 30 日资产负债表

单位：元

项目名称	金额	项目名称	金额
货币资金	200 600	应付账款	6 000
应收账款	6 500	预收账款	8 500
存货	80 000	应付职工薪酬	-15 000
预付账款	7 500	应交税费	8 000
固定资产	698 000	应付股利	5 000
无形资产	269 000	实收资本	1 249 100

练习二

② =28 400×3.5 =99 400（元）

① =99 400 -16 500 -24 000 -42 000 =16 900（元）

③ =99 400 +200 600 =300 000（元）

⑥ =255 000（元）

⑤ =255 000 -164 000 =91 000（元）

④ =91 000 -12 500 -43 500 -20 000 =15 000（元）

⑦ =28 400 -9 700 -4 900 =13 800（元）

⑧ =162 000 -120 000 =42 000（元）

⑨ =300 000（元）

⑩ =23 000 -4 500 -6 500 =12 000（元）

练习三

（1）ABCD

（2）ABC

（3）AC

（4）BD

练习四

（1）营业利润：（1 000 +250）-（450 +150）-150 -120 -80 -20 =280（万元）

（2）利润总额：280 +60 -15 =325（万元）

（3）净利润：325 -325×25% =243.75（万元）

练习五

编制的会计分录如下：

（1）借：应收票据	11 300	
贷：其他业务收入		10 000
应交税费——应交增值税（销项税额）		1 300
（2）借：应收账款	146 900	
贷：主营业务收入		130 000
应交税费——应交增值税（销项税额）		16 900
（3）借：销售费用	5 000	
营业外支出	5 000	
贷：银行存款		10 000
（4）借：财务费用	1 300	
应付利息	2 600	
贷：银行存款		3 900
（5）借：管理费用	11 400	
贷：应付职工薪酬		11 400
（6）借：税金及附加	2 500	
贷：应交税费		2 500

（7）借：主营业务成本　　85 000
　　贷：库存商品　　85 000
借：其他业务成本　　5 000
　　贷：原材料　　5 000
（8）借：待处理财产损溢——待处理流动资产损溢　　200
　　贷：管理费用　　200
（9）借：所得税费用　　6 250
　　贷：应交税费——应交所得税　　6 250

编制的利润表如下：

利润表

编制单位：某企业　　202×年 12 月　　单位：元

项目	本期金额	上期金额
一、营业收入	140 000	
减：营业成本	90 000	
税金及附加	2 500	
销售费用	5 000	
管理费用	11 200	
财务费用	1 300	
资产减值损失		
加：投资收益		
其中：对联营企业和合并企业的投资收益		
公允价值变动收益		（略）
二、营业利润	30 000	
加：营业外收入		
减：营业外支出	5 000	
三、利润总额（净亏损以“－”号填列）	25 000	
减：所得税费用	6 250	
四、净利润	18 750	
五、其他综合收益的税后净额	（略）	
六、综合收益总额	（略）	
七、每股收益	（略）	

第十一章 会计工作的组织

一、名词解释

1. 会计工作组织：对会计机构的设置、会计人员的配备、会计制度的制定与执行等各项工作所作的统筹安排。

2. 会计机构：是各单位组织管理本单位会计工作，办理会计事务的职能部门。

3. 内部会计管理制度：是内部控制制度的一项重要内容，主要包括分工明确、职责清楚、钱物分开、钱账分管等。

4. 会计电算化岗位：是指直接管理、操作、维护计算机及会计软件系统的岗位。

5. 会计职业道德：是会计人员开展会计工作所应遵循的、与会计职业活动密切联系的、具有会计职业特征的道德规范与行为准则。

6. 会计法规：是指组织会计工作、处理会计实务应遵循的有关法律、规章、制度的总称。

7. 会计制度：是进行会计工作所应遵循的规则、方法、程序的总称，是进行会计工作、处理会计实务的具体办法和规定。一般包括会计科目的设置、核算内容和核算方法、会计报表的格式及填报方法等。

二、单项选择题

1. D	2. C	3. A	4. B	5. A
6. B	7. B	8. A	9. C	10. D
11. C	12. C			

三、多项选择题

1. ABC	2. ABCD	3. ABDE	4. ABCDE	5. ABCDE
6. ABCD	7. ABCD	8. ABCD	9. BCDE	10. AB

四、不定项选择题

1. ADE	2. BDE	3. ABCDE	4. B	5. BC

五、判断题

1. ×	2. √	3. √	4. ×	5. ×
6. √	7. √			

六、简答题

1. 什么是集中核算？集中核算的优缺点表现在哪些方面？

集中核算是指会计主体的主要会计核算工作都集中在财务会计部门进行，单位其他部门及下属单位只对该部门发生的经济业务，填制原始凭证或汇总原始凭证，送交会计部门，经会计部门审核后，据以编制记账凭证，登记账簿，编制财务报表。

实行集中核算组织形式的优点是：可以减少核算层次，便于会计部门及时、全面地掌握本单位的会计核算资料；其不足之处在于：不便于各部门和下属单位及时了解本部门本单位的财务会计信息，不便于实行责任会计制度。

2. 什么是非集中核算？非集中核算的优缺点表现在哪些方面？

非集中核算又称分散核算，是将会计工作分散在各有关部门进行，各会计部门负责本单位范围内的会计工作，单位内部会计部门以外的其他部门和下属单位，在会计部门的指导下，对发生在本部门或本单位的经济业务进行核算，最后由会计部门进行总分类核算和一部分明细分类核算，并编制对外财务报表。

实行非集中核算组织形式的优点是：有利于各业务部门和单位及时掌握本部门的核算资料，便于进行日常考核和分析，便于实行责任会计制度；其不足之处在于：增加了核算层次，加大了核算工作量，会计工作成本相应增大。

3. 设置会计工作岗位应遵循哪些原则？

（1）根据本单位会计业务的需要，有利于建立岗位责任制。各单位应根据所属行业性质、自身的规模、业务内容和数量以及会计核算与管理的需求设置相应的会计工作岗位；同时设置会计工作岗位也要使各个岗位职责分明，便于分工，一般不应出现职责交叉的现象。

（2）符合内部控制制度的要求。设置会计工作岗位时要符合内部控制制度的要求，不相容业务要相互分开。合理的岗位设置可减少舞弊发生的可能性。内部会计管理制度是内部控制制度的一项重要内容，其主要包括：分工明确，职责清楚，钱物分开，钱账分管。即出纳人员不得兼管稽核、会计档案保管和收入、费用、债权债务账目的登记工作；出纳、会计不能一人兼任；出纳与财产物资保管不能一人兼任；采购人员不能兼做出纳或财产物资的保管工作。

另外，为了不断提高会计人员的业务素质，尽可能培养熟悉各方面业务的多面手，会计人员应当在各工作岗位有计划地进行轮换、交流。

4. 简述我国会计法规和制度体系的构成层次。

我国的会计法规体系包括会计法、会计行政规章、会计准则和会计制度四个层次。

会计法是从事会计工作的根本大法，是各单位会计行为的最高准则；会计行政规章是国务院根据会计法颁布的关于会计管理的法规性文件；会计准则是进行会计工作的规范，是处理会计事务的准绳，它是根据会计法和会计行政规章制定的，它包括基本准则和具体准则两部分，而基本准则又对具体准则起指导作用；根据基本准则和具体准则制定的会计制度，是对处理会计实际工作所作的具体规定。

第十二章 会计电算化与会计信息化基础

一、名词解释

1. 会计电算化：是以电子计算机和网络技术为主，将现代信息技术和管理信息系统技术应用到会计的简称，是对手工会计流程和职能的重构，提升了会计信息处理的及时性、精确性、集成性和共享性。

2. 会计信息化：是指企业利用计算机、网络通信等现代信息技术手段开展会计核算，以及利用上述技术手段将会计核算与其他经营管理活动有机结合的过程。

3. 会计—业务一体电算化：不仅会计核算工作实现全面电算化，企业的供产销和人财物的管理也实现全面电算化，通过企业内部网实现协同管理。

4. 会计电算化实施的合法性原则：主要是指会计电算化软件的合法性和会计电算化操作的合法性。

5. 初始化设置：是会计电算化每个子系统操作的第一步工作，就是将通用的会计电算化软件与具体企业的管理要求、业务特点相结合，使通用的软件专用化。

6. XBRL：直译为“可扩展商业语言报告”，是一种财务报告电子语言，通过对有关财务信息内容增加标记的方法，提供一种编制、发布公司财务报告和其他信息的标准化方法，是一个开放的、平台独立的、具有国际标准的数据描述语言。

7. ERP：企业资源计划，是在 MRPII 的基础上把客户需求和企业内部的制造活动以及供应商的制造资源整合在一起，形成企业一个完整的供应链并对供应链上所有环节进行有效管理。

二、单项选择题

1. D	2. B	3. A	4. B	5. A
6. C	7. C	8. A	9. C	10. A
11. C	12. B	13. C	14. D	15. B

三、多项选择题

1. ABE	2. ABCD	3. ABC	4. ABCDE	5. ACE
6. ACE	7. BD	8. ABCDE	9. ABCDE	10. ABCDE

四、不定项选择题

1. ABC	2. AD	3. ABCD	4. A	5. BCD
6. C	7. ABC	8. AE	9. A	10. ABCDE

五、判断题

1. ×	2. √	3. ×	4. ×	5. ×

6. √　7. √　8. ×　9. √　10. √

六、简答题

1. 简述 ERP 会计电算化系统的特点与优势。

ERP 系统就是在 MRPII 的基础上把客户需求和企业内部的制造活动以及供应商的制造资源整合在一起，形成企业一个完整的供应链并对供应链上所有环节如订单、采购、库存、计划、生产制造、质量控制、运输、分销、服务与维护、财务管理、人事管理、实验室管理、项目管理、配方管理等进行有效管理。

其优势是：会计电算化作为企业管理信息系统的子系统，与其他子系统之间实现了信息交换，解决了信息“孤岛”问题，达到了“管理一体化”效果。

2. 会计电算化系统与手工会计核算的主要区别在哪里？

会计电算化系统与手工会计系统相比，不仅带来了处理工具的变化，也带来了会计数据处理流程、处理方式、内部控制方式以及组织结构设置等方面的变化，体现了信息化带来的流程再造（BPR，Business Process Re－engineering）特征。

具体而言，它们的区别可以从以下几个方面来理解：①会计数据采集、存储、处理和传输方式不同；②会计核算组织程序不同；③内部控制不同；④会计工作岗位设置不同。

3. 简述单位实施会计电算化的基本步骤。

（1）全面规划。内容包括：实现会计电算化的近期和中长期目标。基本实施步骤、时间安排、部门分工、资金预算、软硬件配置、人员配置、责任与验收等。

（2）软硬件配置。从会计电算化软件的合法性、通用性、可扩展性、操作方便性、安全可靠性、实施保障与售后服务的有效性等多个方面综合评价选择合适的软硬件设施。

（3）人员培训。组织人员参加包括财政部组织开展的会计电算化培训、软件公司提供的会计软件培训和单位自行组织的会计电算化培训。

（4）会计数据的整理与准备。即对手工数据进行整理，使之符合会计电算化系统的需要。

（5）初始化设置。实施会计电算化必须将原手工会计核算资料输入计算机，称为“初始化工作”。

4. 简述会计监督职能在会计电算化系统中如何实现。

在会计电算化系统中还存在一种从高层决策部门向基层业务部门数据传递的反向流程，即将决策者制定的各种预算、成本控制目标、优化改进方案贯彻到具体业务部门，用以控制和考核业务部门的行动是否具备合法性与合理性，这也是实现会计的监督职能。

5. 简述现代会计信息系统的构成。

根据功能和管理层次的高低，可以分为会计核算系统、会计管理系统和会计决策支持系统。会计核算系统一般包括账务处理模块、工资管理模块、固定资产管理模块、应收应付款管理模块、成本管理模块、报表管理模块、存货核算模块。会计管理系统是较高的第二层次，对应当前会计信息化发展中的“管理会计”信息化层次，通常包括成本管理、财务分析、预算管理和项目管理等模块。会计决策支持系统是最高的第三层次。根据企业管理的实际需要，会计决策支持系统一般包括管理驾驶舱模块、投资和融资决策支持工具、绩效考核与评价、目标管理与持续改进等模块。

6. 会计信息化中将会计核算与其他经营管理活动有机结合是什么涵义?

会计信息化概念中的“有机结合”包括两个方面：一是企业应当促进企业内部会计信息系统与业务信息系统的结合，通过业务的处理直接驱动会计记账，减少人工操作，提高业务数据与会计数据的一致性，实现企业内部信息资源共享；二是企业应当根据实际情况，开展本企业信息系统与银行、供应商、客户等外部单位信息系统的结合，实现外部交易信息的集中自动处理。在当前技术环境下，会计信息化中这两方面的“有机结合”可以理解为站在企业资源计划（ERP）的高度设计企业的会计信息系统。

会计学基础模拟试卷一参考答案

一、单项选择题

1. A	2. D	3. A	4. B	5. C
6. B	7. C	8. B	9. C	10. D
11. D	12. C	13. D	14. A	15. C
16. A	17. C	18. A	19. A	20. B

二、多项选择题

1. CDE	2. ABD	3. AE	4. BCD	5. ABCD

三、不定项选择题

1. B	2. ACDE	3. C	4. CD	5. ADE

四、判断题

1. ×	2. ×	3. √	4. √	5. ×
6. ×				

五、名词解释

1. 会计主体：是指从事经济活动并需要对此进行核算和定期报告的特定单位。

2. 会计科目：是按照经济内容对各个会计要素所作的进一步分类。

3. 复式记账法：是指对发生的每项经济业务，都要以相等的金额，在相互联系的两个或两个以上账户中同时进行登记的一种记账方法。

六、简答题

1. 简述会计核算方法的内容及其相互关系。

会计核算方法是对会计对象进行完整的、连续的、系统的反映和监督所应用的方法。主要包括：①设置账户；②复式记账；③填制和审核凭证；④登记账簿；⑤成本计算；⑥财产清查；⑦编制财务报告。上述会计核算的各种方法，是一个完整的会计核算方法体系，在核算过程中是相互联系、密切配合的。一般核算步骤是以货币形式对各项经济业务进行确认为起点，通过填制和审核凭证，记录、核算各项经济业务，然后在设置的账户中采用复式记账的方法登记账簿，对生产经营过程中发生的各项费用应当进行成本计算，对于账簿记录通过财产清查加以核实，最终在财产清查的基础上根据账簿记录编制财务报告。需要说明的是，上述各种方法又是交叉使用的。

2. 简述记账凭证包括的基本内容。

记账凭证必须具备下列基本内容：①凭证名称；②记账凭证编号；③记账凭证的填制日期；④经济业务内容摘要；⑤会计科目的名称；⑥金额；⑦所附原始凭证的张

数；⑧有关责任人的签名或盖章。

七、业务计算题

1.

（1）银行已收，企业未收金额为 15 000 元

（2）企业已付，银行未收金额为 50 000 元

（3）企业已付，银行未付金额为 3 500 元

（4）企业已付，银行未付金额为 231 000 元

（5）调节后存款余额 = 472 000 + 15 000 − 3 500 = 664 500 + 50 000 − 231 000

= 483 500（元）

2.

（1）甲、乙产品生产工时合计 = 8 000 + 4 000 = 12 000（小时）

制造费用分配率 = $\frac{12\ 000}{12\ 000}$ = 1（元/小时）

甲产品分摊的制造费用 = 8 000 × 1 = 8 000（元）

乙产品分摊的制造费用 = 4 000 × 1 = 4 000（元）

（2）甲产品的总成本 = 9 000 +（20 000 + 13 000 + 8 000）= 50 000（元）

甲产品的单位成本 = $\frac{50\ 000}{100}$ = 500（元/件）

（3）借：库存商品——甲产品　　50 000

　　贷：生产成本——甲产品　　50 000

3.（1）

①借：银行存款　　166 675

　　贷：主营业务收入　　147 500

　　　　应交税费——应交增值税（销项税额）　　19 175

②借：销售费用　　500

　　贷：库存现金　　500

③借：预收账款——乙公司　　60 000

　　银行存款　　75 600

　　贷：主营业务收入　　120 000

　　　　应交税费——应交增值税（销项税额）　　15 600

④借：应收账款　　11 300

　　贷：其他业务收入　　10 000

　　　　应交税费——应交增值税（销项税额）　　1 300

⑤借：其他业务成本　　6 500

　　贷：原材料　　6 500

⑥借：其他应收款——王某　　5 000

　　贷：银行存款　　5 000

⑦借：管理费用　　500

　　贷：银行存款　　500

⑧借：财务费用	2 000	
贷：应付利息		2 000
⑨借：营业外支出	5 000	
贷：银行存款		5 000
⑩借：制造费用	4 500	
库存现金	500	
贷：其他应收款——王某		5 000
⑪借：主营业务成本——A 产品	142 500	
——B 产品	40 500	
贷：库存商品——A 产品		142 500
——B 产品		40 500
⑫借：税金及附加	2 500	
贷：应交税费——应交城市建设维护税		2 500
⑬借：库存现金	500	
贷：营业外收入		500
⑭借：主营业务收入	267 500	
其他业务收入	10 000	
营业外收入	500	
贷：本年利润		278 000
借：本年利润	200 000	
贷：主营业务成本		183 000
税金及附加		2 500
其他业务成本		6 500
营业外支出		5 000
管理费用		500
财务费用		2 000
销售费用		500
⑮借：所得税费用	19 500	
贷：应交税费——应交所得税		19 500
借：本年利润	19 500	
贷：所得税费用		19 500

(2)

营业利润 = 267 500 + 10 000 − 183 000 − 6 500 − 2 500 − 500 − 2 000 − 500
= 82 500（元）

利润总额 = 82 500 + 500 − 5 000 = 78 000（元）

所得税费用 = 78 000 × 25% = 19 500（元）

净利润 = 78 000 − 19 500 = 58 500（元）

会计学基础模拟试卷二参考答案

一、单项选择题

1. A	2. C	3. A	4. B	5. D
6. A	7. D	8. C	9. B	10. B
11. D	12. B	13. C	14. D	15. B
16. B	17. A	18. D	19. C	20. B

二、多项选择题

1. ABC	2. BCE	3. ABCD	4. BDE	5. AD

三、不定项选择题

1. D	2. AB	3. DE	4. AC	5. BC

四、判断题

1. √	2. √	3. ×	4. ×	5. ×
6. ×				

五、名词解释

1. 会计基本程序：是指会计信息系统在加工数据并形成最终会计信息的过程中所特有的步骤，包括会计确认、计量、记录与报告等环节。

2. 账户：是按照规定的会计科目在账簿中对各项经济业务进行的分类、连续、系统记录的一种工具。

3. 现金流量表：是以收付实现制为基础编制的、反映企业一定会计期间内现金和现金等价物流入和流出信息的财务报表。

六、简答题

1. “借贷记账法”编制会计分录的步骤有哪些?

用“借贷记账法”编制会计分录的步骤如下：第一步，根据经济业务的内容，确定所涉及的账户名称及类别；第二步，根据账户的性质，分析其变动引起的是增加还是减少，进而确定应借应贷的方向；第三步，根据借贷记账法的记账规则，确定应记入每个账户的金额。

2. 简述账务处理程序的概念和常用种类。

账务处理程序，也称会计核算程序、会计核算组织程序、会计核算形式，是指运用各种会计核算方法，产生和提供会计信息的方法和步骤。在实际工作中，常用的账务处理程序主要有以下几种：①记账凭证账务处理程序；②科目汇总表账务处理程序；③汇总记账凭证账务处理程序；④日记总账账务处理程序等。

七、业务计算题

1.

（1）经济业务对会计要素的影响如下：

经济业务	资产 375 000	负债 112 000	所有者权益 263 000
①	固定资产 +30 000 银行存款 −30 000		
②	原材料 +10 000		实收资本 +10 000
③	银行存款 −5 000	应付账款 −5 000	
④	银行存款 +8 000 应收账款 −8 000		
⑤		长期借款 −50 000	实收资本 +50 000
⑥			实收资本 +20 000 资本公积 −20 000
8 月末金额	380 000	57 000	323 000

（2）从上表可以看出，8 月末该公司资产总额为 380 000 元，负债总额为 57 000 元，所有者权益为 323 000 元。

2.

（1）A 产品单位成本 = 82 800/3 600 = 23（元/件）

B 产品单位成本 = 48 000/2 400 = 20（元/件）

借：库存商品——A 产品　　82 800

　　　　　　——B 产品　　48 000

　贷：生产成本——A 产品　　82 800

　　　　　　——B 产品　　48 000

（2）借：预收账款　　132 775

　贷：主营业务收入　　117 500

　　应交税费——应交增值税（销项税额）　　15 275

已销 A 产品成本 = 2 000 × 23 = 46 000（元）

已销 B 产品成本 = 1 500 × 20 = 30 000（元）

借：主营业务成本——A 产品　　46 000

　　　　　　　——B 产品　　30 000

　贷：库存商品——A 产品　　46 000

　　　　　　——B 产品　　30 000

（3）利润总额 = 120 000 − 82 000 − 475 − 2 000 − 125 + (5 600 − 1 000)

= 40 000（元）

应交所得税 = 40 000 × 25% = 10 000（元）

借：所得税费用 10 000
　贷：应交税费——应交所得税 10 000

3.

（1）借：原材料 41 000
　应交税费——应交增值税（进项税额） 5 200
　贷：应付账款——A公司 46 200

（2）借：其他应收款——张华 2 000
　贷：库存现金 2 000

（3）借：应收账款——C公司 226 000
　贷：主营业务收入 200 000
　　应交税费——应交增值税（销项税额） 26 000

（4）借：销售费用 6 800
　制造费用 2 800
　营业外支出 2 000
　贷：银行存款 11 600

（5）借：管理费用 2 400
　贷：其他应收款——张华 2 000
　　库存现金 400

（6）借：短期借款 100 000
　应付利息 6 000
　贷：银行存款 106 000

（7）借：固定资产 35 800
　应交税费——应交增值税（进项税额） 4 654
　贷：银行存款 40 454

（8）借：预付账款 3 600
　贷：银行存款 3 600

（9）借：待处理财产损溢——待处理固定资产损溢 7 000
　累计折旧 8 000
　贷：固定资产 15 000

（10）借：制造费用 1 500
　贷：累计折旧 1 500

（11）借：生产成本 55 000
　制造费用 14 000
　管理费用 3 000
　贷：原材料 72 000

（12）借：生产成本 10 470
　制造费用 3 825
　管理费用 4 200
　贷：应付职工薪酬——工资 18 495

（13）借：生产成本　　1 465. 8

制造费用　　535. 5

管理费用　　588

贷：应付职工薪酬——职工福利　　2 589. 3

（14）借：主营业务成本　　160 000

贷：库存商品　　160 000

（15）借：利润分配——提取法定盈余公积　　28 000

贷：盈余公积　　28 000

会计学基础模拟试卷三参考答案

一、单项选择题

1. D	2. B	3. C	4. A	5. A
6. B	7. C	8. D	9. C	10. D
11. C	12. D	13. D	14. B	15. A
16. D	17. C	18. C	19. A	20. D

二、多项选择题

1. ABDE	2. ABCD	3. ABE	4. ACE	5. ACDE

三、不定项选择题

1. ABCD	2. ABCD	3. ABCDE	4. ABD	5. A

四、判断题

1. ×	2. ×	3. ×	4. ×	5. √
6. ×				

五、名词解释

1. 经济业务：又称会计事项，是指会计上将发生于企业生产经营过程中、引起会计要素增减变化的事项。

2. 会计凭证：是记录经济业务的发生和完成情况、明确经济责任、作为记账依据的书面证明。

3. 财产清查：是通过对财产物资、货币资金和往来款项进行实地盘点与核对，以查明其实有数同账面数是否相符的一种专门的会计方法。

六、简答题

1. 简述账户和会计科目的区别与联系。

账户和会计科目是两个既有区别又有联系的概念。其区别在于：会计科目只是会计要素的具体分类名称，没有具体的结构；账户则是根据会计科目开设的，具有一定的结构，对由于经济业务引起的会计要素增减变动情况及其结果进行全面、连续、系统的记录。其联系在于：两者都被用来分门别类地反映会计对象的具体内容。由于账户根据会计科目命名，两者完全一致，所以在实际工作中，账户与会计科目常被作为同义语来理解，互相通用，不加区别。

2. 简述会计账簿的意义。

①会计账簿是全面系统地登记和积累会计资料的重要工具；②会计账簿是编制财务报表的主要依据；③会计账簿是会计分析和会计检查的必需资料。

七、业务计算题

1.（1）借入短期借款

借：银行存款　　600 000

　　贷：短期借款　　600 000

（2）按月计提的金额 = 600 000 × 5%/12 = 2 500（元）

（3）1 月末计提利息

借：财务费用　　2 500

　　贷：应付利息　　2 500

注：2 月末的计提利息分录同 1 月末。

（4）3 月末支付第一季度利息

借：财务费用　　2 500

　　应付利息　　5 000

　　贷：银行存款　　7 500

（5）9 月末偿还借款本金及利息

借：短期借款　　600 000

　　财务费用　　2 500

　　应付利息　　5 000

　　贷：银行存款　　607 500

2.（1）本月制造费用 = 2 400 + 8 000 + 8 000 × 14% + 1 000 + 880 + 1 000 + 1 600

= 16 000（元）

制造费用分配率：16 000/（18 000 + 32 000） = 0. 32（元）

A 产品分摊制造费用 = 18 000 × 0. 32 = 5 760（元）

B 产品分摊制造费用 = 32 000 × 0. 32 = 10 240（元）

（2）本月 A 产品直接材料费 = 10 000（元）

本月 B 产品直接材料费 = 20 000（元）

本月 A 产品工资及福利费 = 18 000 + 18 000 × 14% = 20 520（元）

本月 B 产品工资及福利费 = 32 000 + 32 000 × 14% = 36 480（元）

完工产品成本计算单　　单位：元

产品名称	直接材料	工资及福利费	制造费用	合计
A	14 500	24 320	6 960	45 780
B	30 000	46 080	16 240	92 320
合计	44 500	70 400	23 200	138 100

3.

（1）借：在途物资——A 材料　　20 000

　　　　应交税费——应交增值税（进项税额）　　2 600

　　　　贷：应付账款——群星公司　　22 600

(2)	借：在途物资——A 材料	800	
	贷：库存现金		800
(3)	借：原材料——A 材料	20 800	
	贷：在途物资——A 材料		20 800
(4)	借：主营业务成本	24 000	
	贷：库存商品		24 000
(5)	借：税金及附加	4 500	
	贷：应交税费——应交城市建设维护税		4 500
(6)	借：营业外支出	6 000	
	贷：银行存款		6 000
(7)	借：管理费用	500	
	贷：库存现金		500
(8)	借：应付利息	600	
	财务费用	300	
	贷：银行存款		900
(9)	借：预付账款	10 000	
	贷：银行存款		10 000
(10)	借：营业外支出	5 000	
	贷：银行存款		5 000
(11)	借：主营业务收入	660 000	
	营业外收入	400	
	贷：本年利润		660 400
(12)	借：本年利润	318 900	
	贷：主营业务成本		280 000
	税金及附加		6 000
	管理费用		5 000
	销售费用		7 000
	财务费用		900
	营业外支出		20 000
(13)	借：所得税费用	17 500	
	贷：应交税费——应交所得税		17 500
(14)	借：利润分配——提取法定盈余公积	6 000	
	贷：盈余公积		6 000
(15)	借：利润分配——应付股利	20 000	
	贷：应付股利		20 000